Le Moyen Âge
10 siècles d'idées reçues

Le Moyen Âge
10 siècles d'idées reçues

Laure Verdon

idées reçues Issues de la tradition ou de l'air du temps, mêlant souvent vrai et faux, les idées reçues sont dans toutes les têtes. Les auteur·e·s les prennent pour point de départ et apportent ici un éclairage distancié et approfondi sur ce que l'on sait ou croit savoir.

Le Cavalier Bleu
EDITIONS

Laure Verdon

Agrégée d'histoire, docteur en histoire médiévale et habilitée à diriger des recherches, Laure Verdon est Professeur en histoire médiévale à l'université d'Aix-Marseille. Ses recherches portent sur les formes et expressions du pouvoir seigneurial dans les sociétés méridionales (Catalogne, Provence) entre le XIe et le XIVe siècle, les relations entre la noblesse et le pouvoir souverain, et sur l'histoire des femmes.

De la même auteure

– *La Terre et les hommes en Roussillon aux XIIe et XIIIe siècles : structures seigneuriales, rente et société d'après les sources templières*, Aix-en-Provence, Publications de l'Université de Provence, 2001.
– *Le Moyen Âge*, Paris, Belin (collection « Sujets »), 2003.
– *La Terre et les hommes au Moyen Âge*, Paris, Ellipses (collection « Le monde, une histoire »), 2005.
– *La Voix des dominés. Communautés et seigneurie en Provence au bas Moyen Âge*, Rennes, Presses Universitaires de Rennes, 2013.

MOYEN ÂGE – Le terme « Moyen Âge » désigne par convention la période s'étendant du Ve siècle au XVe siècle. Cette expression est née au milieu du XVe siècle, à la fois dans l'Italie de la Renaissance et la France de la guerre de Cent Ans finissante. On la trouve pour la première fois en 1469, sous la plume de Giovanni Andrea dei Bussi dans l'avant-propos de son édition des *Métamorphoses* d'Apulée. Pour les humanistes, les *Media Tempestas* désignent, en effet, la période qui a immédiatement suivi l'Antiquité et qui leur est, en partie, contemporaine. C'est une époque tenue pour sombre car postérieure à l'événement considéré comme ayant marqué la chute de l'Empire romain d'Occident (en 476, qui voit l'empereur Romulus Augustule contraint d'abdiquer par le chef de l'armée d'Italie d'origine germanique, Odoacre), et longtemps vue comme ayant marqué le naufrage de la culture latine. De ce fait, si l'expression « temps moyens » peut être employée de façon neutre à partir de l'époque moderne, pour désigner des temps intermédiaires situés entre Antiquité et Renaissance, le terme recèle également, dès l'origine, une connotation négative (les temps médiocres et obscurs) qu'il conserve, dans le langage courant, jusqu'à aujourd'hui.

L'adjectif « médiéval », formé au XIXe siècle sur la forme latine de Moyen Âge (*medium aevum*) est synonyme de moyenâgeux, tout en ne portant pas sa connotation négative.

* *Les mots signalés par un astérisque renvoient au glossaire en fin d'ouvrage.*

Introduction

La civilisation médiévale se définit par le morcellement de l'autorité politique et le recul de la notion d'État ; par une économie à dominante agricole ; par une société cloisonnée entre une noblesse militaire qui possède la terre et une classe paysanne asservie ; par un système de pensée fondé sur la foi religieuse et défini par l'Église.

Le Grand Larousse, 1994

L'idée que l'on se fait communément du Moyen Âge occidental, résumée de manière caricaturale par cette définition du dictionnaire, relève pleinement de l'esprit de cette collection. Aucune autre période de l'Histoire n'a, en effet, cristallisé autant de poncifs, que les travaux des historiens ne cessent cependant de remettre en cause sans réussir vraiment, force est de le constater, à rétablir une vision plus nuancée et plus juste de cette époque auprès du grand public. Sans doute, est-ce dû au fait que le Moyen Âge est une période considérée dans l'imaginaire collectif comme trop lointaine, trop éloignée de nous par ses structures, ses mentalités, son mode de pensée, pour que nous ressentions d'emblée une parenté évidente avec notre société contemporaine. Contrairement à l'Antiquité, qui a vu naître – ou du moins se plaît-on à le croire – des formes de gouvernement dont nous retrouvons, à l'heure actuelle, certains principes déclinés dans nos démocraties occidentales, le Moyen Âge est, quant à lui, surtout associé à l'Ancien Régime que la Révolution française a jeté à bas. Il est vrai, en outre, qu'il ne s'agit pas d'une période facilement appréhensible : longtemps définie uniquement en négatif par rapport aux époques l'ayant précédé ou suivi, couvrant dix siècles, on la divise généralement, de manière un peu artificielle, en trois, distinguant le haut Moyen Âge (Ve-Xe siècle) du Moyen Âge classique (XIe-XIIIe siècle) et du bas Moyen Âge (XIVe-XVe siècle).

Le haut Moyen Âge s'ouvre, par convention, en 476 lorsque l'Empire romain d'Occident cède la place aux royaumes germaniques. En réalité, l'autorisation donnée par Rome à certaines populations germaniques de se réfugier dans l'empire (en Thrace et dans la région du Danube) face à la menace des Huns dès le milieu du IVe siècle, les mouvements de populations qui s'opèrent depuis le IIIe siècle sur les frontières orientales de l'empire, puis l'instabilité politique qui finit par régner en Italie même au début du Ve siècle, ont largement contribué à ébranler les structures du monde romain ; 476 n'est sans doute qu'un épiphénomène de ce point de vue. L'historiographie de cette époque fut longtemps dominée par le mythe des « invasions barbares », les peuples venus s'installer en Occident à partir du Ve siècle étant censés l'avoir fait dans la violence. Cette expression, employée depuis le XIXe siècle, désigne en effet des mouvements de populations homogènes qui aboutissent à un changement radical des structures de pouvoir et du peuplement du territoire sur lequel ces peuples ont jeté leur dévolu. Or, depuis une trentaine d'années, l'archéologie a permis de revenir largement sur cette idée en mettant l'accent sur la fusion progressive des peuples. Les fouilles de nécropoles, en particulier, dans la région rhénane, en Moselle ou encore dans le Calvados, ont ainsi montré une adoption progressive des modes funéraires germaniques.

Le haut Moyen Âge est également l'époque de la mise en place des caractéristiques de l'Église d'Occident et de la royauté médiévale, fondée sur le sacre* du souverain, la collaboration du roi avec l'Église et l'aristocratie et la mission qui en découle. Elles furent portées à leur apogée, au IXe siècle, par la dynastie carolingienne dans le cadre de l'empire fondé par Charlemagne (768-814). C'est également l'époque au cours de laquelle les traits du système seigneurial foncier se mettent en place, sous la forme du grand domaine ou villa, qui distingue les terres exploitées en faire-valoir direct de celles qui sont confiées aux paysans par le biais de tenures* nommées manses. C'est la raison pour laquelle les historiens considèrent généralement que le Moyen Âge commence véritablement avec l'époque carolingienne.

Les Xe et XIe siècles ont souvent été vus comme un temps de ruptures radicales. Sur le plan politique, en 843, l'Empire carolingien disparaît au profit de royaumes et de principautés. Même si une structure impériale renaît à l'est en 962, par la fondation du Saint Empire romain germanique dont l'histoire s'achèvera à l'époque moderne, le temps est désormais, et de manière durable, aux monarchies nationales. Dans nombre d'entre elles, la puissance est exercée, à partir du milieu du XIe siècle, par de petits seigneurs châtelains, qui tirent parti de la croissance démographique et économique qui s'installe. Des liens féodaux et vassaliques les unissent entre eux et avec les plus puissants. Ils leur permettent de contrôler forteresses, hommes et terres. Ces liens sont utilisés aux XIIe et XIIIe siècles par les princes et les rois pour étendre leur pouvoir. Il faut se garder, pour autant, de verser ici dans un autre mythe, celui de ces rois « qui ont fait la France », et de ne voir dans les Xe-XIIe siècles français en particulier qu'une lente reprise en main du pouvoir souverain par des rois énergiques, tel Philippe Auguste (1180-1223). Lorsque Hugues Capet accède au pouvoir, en 987, il n'est qu'un prince parmi d'autres tout aussi puissants que lui. Sa volonté n'est pas de retrouver un pouvoir perdu, mais bien de revendiquer une forme de puissance que les ducs et comtes de son entourage ambitionnent également. Le mérite des Capétiens est, ensuite, d'avoir élaboré une idéologie solide, fondée sur le sacre et ses significations symboliques, qui les ont placés de manière indubitable au-dessus de tous les autres princes de leur royaume et leur ont conféré une aura qui dépasse largement les frontières au XIIIe siècle. Le Moyen Âge central est, également, le temps de la réforme de l'Église. À l'instigation du pape Grégoire VII, au milieu du XIe siècle, le pouvoir des évêques se trouve renforcé cependant que de nouveaux mouvements monastiques apparaissent, qui se disent plus proches des préceptes contenus dans les évangiles. Les conséquences sociales de cette réforme sont énormes : la volonté affichée est de mieux encadrer les populations sur le plan spirituel, par une meilleure définition des modalités d'accès au salut. Mais cela passe aussi par une volonté de contrôle des croyances qui se traduit par la traque des « déviances religieuses » que les clercs nomment hérésies*. La réforme donne lieu, au XIIIe siècle, à la transformation de la papauté en une véritable puissance monarchique. Les XIe-XIIIe siècles sont, enfin, une période de croissance démographique et économique qui se traduit, à la campagne, par un formidable mouvement de défrichements des terres qui donne lieu à l'apparition de nouveaux villages mais aussi à l'essor de l'emprise seigneuriale, cependant qu'en ville, la croissance a pour effet de bouleverser les structures de la société en dilatant les contours du groupe des « travailleurs » (*laboratores*). Les communautés urbaines s'organisent sur le plan politique, se dotent de représentants (échevins, consuls) qui gèrent la ville et ses deniers, alors qu'à l'ombre des cathédrales les premières universités voient le jour.

Dès le début du XIVe siècle s'amorcent des crises en partie dues à des changements climatiques qui entraînent une série de mauvaises récoltes entre 1315 et 1317. Les conflits armés, notamment la guerre de Cent Ans entre la France et l'Angleterre (1337-1453), les épidémies de peste deviennent endémiques et plongent l'Occident dans une récession démographique et économique dont il ne sortira qu'au milieu du XVe siècle. Ces deux derniers siècles ont ainsi, longtemps donné le ton et conféré à l'ensemble de la période une image sombre et malheureuse. Le haut Moyen Âge n'a, pourtant, été guère mieux traité, considéré comme une époque barbare et violente.

Qu'en est-il réellement ? D'où viennent les idées reçues attachées à cette époque ? C'est, ainsi, au travers de quatre chapitres, organisés autour des idées les plus profondément ancrées dans l'imaginaire collectif, que le lecteur est invité à (re)découvrir cette période.

DES TEMPS OBSCURS ET MALHEUREUX

« Le Moyen Âge est une époque archaïque. »

Le Moyen Âge, ces siècles de fer, grossiers et barbares !

Voltaire, *Essai sur les mœurs*, 1756

Ce que le sens commun entend par « archaïque » qualifie tout ce qui, sur le plan des techniques, est jugé comme arriéré et dépassé. L'époque médiévale est ainsi stigmatisée, dans l'imaginaire collectif, comme rétive à tout progrès.

Lorsque l'on évoque le domaine des techniques et des modes de production médiévaux, on pense d'abord à celui de l'agriculture qui représente le secteur d'activités qui occupe le plus grand nombre de personnes à cette époque. Le modèle idéologique que représente la division tripartite de la société médiévale est énoncé au début du XIe siècle par l'évêque Adalbéron de Laon dans un poème qu'il adresse au roi capétien Robert le Pieux. Il y distingue trois ordres – ou groupes juridiques – qui forment la société et exercent des activités complémentaires : « ceux qui prient », « ceux qui combattent » et « ceux qui travaillent ». Dans ce schéma, les *laboratores* – le troisième groupe – sont en fait avant tout des *aratores* – ou agriculteurs – dont dépend la survie des deux autres ordres. Le Moyen Âge serait ainsi une époque d'archaïsme rural, aux méthodes et savoir-faire situés bien loin de la « révolution agricole » liée à la mécanisation que connaît l'Europe à partir du XVIIIe siècle. Or, si la période médiévale peut être considérée, en effet, comme une phase durant laquelle les niveaux de productivité et de production demeurent bas, cela ne signifie pas, pour autant, que l'Occident n'ait connu aucune évolution technique entre le Ve et le XVe siècle, ni que les technologies mises en œuvre se soient révélées, somme toute, inefficaces.

Car la question du « progrès » technique doit être ici liée à celle, plus générale, de la « croissance ». En ce domaine, les médiévistes s'accordent, à l'heure actuelle, pour distinguer deux phases d'essor, d'inégale ampleur, ayant concerné l'Europe durant la période dite carolingienne d'une part (VIIIe-IXe siècle), et à partir de la fin du Xe siècle jusqu'à la fin du XIIIe siècle d'autre part. On assiste ainsi, entre le VIIIe et le XIIIe siècle, à une diffusion, lente et progressive, d'un nouveau mode de culture combinant un outillage agricole renforcé et plus efficace (utilisation du fer, essor de l'usage de la charrue munie d'un versoir, de la herse et de la faux pour la fenaison) avec la pratique de la rotation des cultures sur une même parcelle, la diversification des types de céréales cultivées (froment, épeautre, seigle, orge d'hiver ou de printemps, mais aussi méteil, c'est-à-dire un mélange de blé et de seigle que l'on sème ensemble) ainsi qu'une meilleure maîtrise des sources d'énergie (notamment l'eau, par le biais des moulins hydrauliques, qui transforment les productions rurales et constituent les véritables « moteurs » des campagnes, dès le IXe siècle, car la grande majorité des domaines ruraux y ont accès dans un rayon de 10 km). Tout ceci rend possible, dès l'époque carolingienne, entre le VIIIe et le IXe siècle, un essor des rendements et un accroissement des surfaces cultivées.

L'agriculture médiévale subit une extrême variabilité des productions, car elle repose, en fait, sur une équation qui oppose une production vivrière domestique et intensive sur de petites parcelles, à la céréaliculture extensive pratiquée sur de vastes espaces et dans le cadre de l'économie seigneuriale. Or, le système seigneurial, sous la forme du grand domaine puis de la seigneurie foncière – qui distingue deux types de terres : celles qui sont louées aux paysans sous la forme de parcelles et celles qui demeurent mises en valeur par les domestiques et les salariés saisonniers employés par le seigneur –, représente bel et bien, par les capacités d'organisation collective qu'il génère, un stimulus dans l'adoption de nouvelles techniques.

Au fond, la véritable question soulevée par l'apriori d'archaïsme accolé à l'époque médiévale est celle des capacités d'innovation technique permises par les cadres supposés contraignants dans lesquels s'inscrivent les productions durant cette période.

Cette question touche à la notion de travail et à la façon dont les hommes du Moyen Âge ont considéré ces différents secteurs d'activité, au miroir de la Bible. Le récit de la Genèse campe le travail comme une punition divine, cependant que les Évangiles valorisent, au contraire, cette activité en faisant du Christ incarné le fils d'un charpentier. Elle a trait, également, à la définition de l'artisanat, à l'organisation des secteurs « de pointe » des activités de production médiévales et au rôle social que l'on attribue aux artisans.

Durant le haut Moyen Âge, entre le ve et le xe siècle, les principales activités artisanales se situent à la campagne, au sein des grands domaines ruraux – l'archéologie a ainsi pu restituer pour le monastère de Saint-Vincent-au-Volturne, près de Spolète en Italie, un quartier entier de potiers daté du IXe siècle. Ces opérations, dont certaines dépassent le cadre strict de l'économie domestique, se distinguent aux yeux des puissants en ce qu'elles nécessitent la maîtrise de techniques et d'un savoir-faire spécifiques. Ainsi, le capitulaire* De Villis (daté des environs de l'an 800) énumère les types d'artisans idéalement attachés au service du souverain dans le cadre des domaines fonciers relevant du fisc : on y trouve aussi bien des forgerons et orfèvres que des charpentiers, fabricants de savon, boulangers, maîtres-brasseurs et mineurs. La métallurgie, par le biais de la forge qui permet de travailler aussi bien le fer que l'or et l'argent, représente sans doute, durant les VIe-IXe siècles, le secteur d'activité artisanale le plus valorisé. L'exemple le plus spectaculaire est représenté par la tombe du « forgeron-orfèvre » de la nécropole d'Hérouvilette (Calvados, milieu du VIe siècle) dont le mobilier funéraire comportait des armes, signe de pouvoir dans la société mérovingienne, mais aussi des pièces de parure ainsi qu'une trentaine d'outils.

Cependant, l'évolution majeure, qui permet un véritable dynamisme économique de l'Occident à partir des XIIe-XIIIe siècles, est le fait que la ville devient alors un centre de production artisanale. L'un des principaux moteurs de cet essor artisanal est représenté par la diffusion du moulin à eau qui permet d'actionner meules, presses et marteaux-pilons afin de transformer les céréales en farine destinée à la fabrication du pain ou de la bière (les premiers moulins à bière sont attestés dans le nord-ouest de la France dès la fin du XIe siècle), de fouler la laine, les draps ou encore les cuirs, de marteler et aiguiser le fer, puis, à partir de la fin du XVe siècle, de déchiqueter le lin pour fabriquer la pâte à papier. Le moulin à vent apparaît également dès le XIIe siècle, mais il faudra attendre la fin du XVe siècle pour voir son utilisation se généraliser.

L'essor artisanal en ville doit se comprendre dans un contexte de croissance démographique et économique ; certains historiens, tel Jacques Le Goff, n'hésitent d'ailleurs pas à dire que l'artisan et le marchand sont les deux piliers de la transformation de la ville à partir du

XIIe siècle. Dans le domaine du négoce, les marchés urbains ainsi que les foires stimulent les échanges cependant que les courants commerciaux s'organisent désormais à l'échelle de l'Occident dans son ensemble, et même au-delà. Les figures des marchands italiens et hanséates dominent le monde du négoce international à partir du XIIIe siècle ; les Italiens contrôlent le commerce des « épices » – un terme qui recouvre à la fois les épices telles que nous les connaissons à l'heure actuelle, mais aussi des tissus (soie, coton), du sucre, des condiments et des produits issus de la pharmacopée – en Méditerranée, qu'ils vont chercher jusqu'en extrême Orient et commercialisent ensuite dans l'ensemble de l'Occident. Ces négociants et les grandes compagnies qu'ils développent sont à l'origine de l'invention, dès le XIIIe siècle, de systèmes de paiement différés ancêtres du chèque. Plus au nord, dans les villes allemandes qui bordent la Baltique, se développe un système d'association marchande – la Hanse – dont les membres vont bientôt dominer le trafic qui relie l'Angleterre, la Flandre, le monde scandinave et la Russie. Ces deux types de négociants se rencontrent en Champagne, lors des cycles de foires internationales qui animent dès le printemps les villes de Troyes, Bar-sur-Aube, Provins et Châlons.

Les autorités urbaines, qu'elles soient laïques ou religieuses, jouent également le rôle de *stimulus*. Ainsi, les chantiers de construction urbains, dont celui de la cathédrale, sont l'un des temps forts de ce « boom » économique. Le chantier est dirigé par un architecte qui transmet ses directives à des maîtres-maçons. La construction fait appel à plusieurs corps de métiers (tailleurs de pierre, maçons, charpentiers, sculpteurs, forgerons, etc.) et ouvriers non spécialisés (portefaix). À partir du XIVe siècle, on utilise brouettes et grues pivotantes, tenailles métalliques et échafaudage de bois.

D'autres types d'activité artisanale urbaine peuvent générer une forme de valorisation sociale, entre le XIIe et le XVe siècle, due tant à la possession d'un savoir-faire qu'à la faveur princière. Ce sont, par exemple, les métiers liés aux arsenaux, les mines et la métallurgie, la papeterie et le travail du verre ou encore, à partir de la fin du XVe siècle, l'imprimerie. Dans le domaine de la navigation, les évolutions techniques sont également spectaculaires passées les années 1440, cependant que la boussole est utilisée dès la fin du XIIe siècle.

Le cas du textile et de son organisation est plus complexe mais tout aussi révélateur de l'ambiguïté dans laquelle l'artisan et le domaine des techniques peuvent se trouver au Moyen Âge. La fabrication de tissus, de laine ou d'autres fibres, est très largement répandue dans les campagnes et les villes européennes. Elle a donné lieu, en deux régions au moins – la Flandre et la Toscane –, à la mise en place d'un système de production rationnel, dit du « capitalisme commercial », au sein duquel le marchand, propriétaire des matières premières et du produit fini, fournit le travail à l'ensemble des métiers intervenant aux différents stades de la chaîne technique de production. Ces métiers peuvent être organisés – entre autres possibilités telle celle du travail à domicile – dans le cadre de ce que l'on nommera à l'époque moderne des corporations, cadres perçus comme rigides et hostiles aux innovations techniques en ce qu'elles peuvent générer un surcroît de production pour certains ateliers. Or, le système des métiers urbains repose sur un contrôle strict de la production et une certaine égalité entre les maîtres des ateliers afin de garantir le monopole de l'activité, dans le cadre de la ville, aux seuls membres de la corporation. Pour autant, toute évolution technique n'est pas bannie, comme en témoigne le cas du travail de la laine à Florence, aux XIVe et XVe siècles, dont l'organisation rationnelle fut régie tant par la raison marchande que par les innovations techniques. Ainsi, l'adoption du métier à tisser horizontal permet-elle d'améliorer sensiblement les dimensions et la qualité des pièces de drap produites dans les ateliers urbains.

Car les producteurs du Moyen Âge, comme à toute époque, ont adapté leurs choix techniques à la vie économique et à ses enjeux. Ainsi, à partir du XVe siècle peut-on vraiment considérer que la logique de la rationalisation a succédé, dans les mentalités et les pratiques, à celle de la maîtrise des sources d'énergie et de l'essor des productions, que l'ère de l'artisanat a fait place à celle de l'industrie capable de fournir des produits de série en grande quantité. L'innovation technique représente alors la richesse de « l'ingénieur » – un terme apparu dans le courant du XIIIe siècle pour désigner notamment le maître-maçon responsable de l'organisation d'un chantier de construction urbain – au service du Prince, et la technique le moyen de dominer le monde.

Renaissance(s)

L'expression « Renaissance », utilisée couramment pour désigner la période qui suit immédiatement le Moyen Âge et dont les caractéristiques seraient en totale opposition avec ce dernier, trouve son origine au milieu du XVIe siècle, lorsque l'humaniste Giorgio Vasari emploie pour la première fois le terme afin de désigner un courant artistique dont les sources d'inspiration remontent à l'Antiquité grecque et romaine prise comme référence esthétique, en une vision cyclique de l'histoire qui rejette le Moyen Âge dans l'ombre et le taxe d'archaïsme. En 1860, l'historien Jakob Burckhardt assimilera de manière lapidaire la Renaissance à une « redécouverte de l'Antiquité » (*La Civilisation italienne au temps de la Renaissance*, 1860).

Dans ce qui apparaît comme une vision téléologique de l'histoire (c'est-à-dire perçue comme une lente ascension vers le progrès et la modernité), seul le XVe siècle finissant a trouvé, pendant longtemps, grâce aux yeux du public, dont témoigne encore aujourd'hui le succès rencontré par les ouvrages de l'auteur américain Charles C. Mann (*1493. Comment la découverte de l'Amérique a transformé le monde*, 2013).

Il ne faut cependant pas attendre le XVe siècle pour voir un mouvement de retour à l'antique s'opérer. La Renaissance ainsi définie prend naissance, selon les régions, dès le XIVe voire le XIIIe siècle, ce qui conduit les historiens actuels à envisager ses contours chronologiques de manière dilatée, s'étendant des années 1370 aux années 1520 (*Histoire du monde au XVe siècle*, P. Boucheron (dir.), 2009).

Certes, ce qui constitue les caractéristiques principales de la Renaissance, perçue à l'échelle de l'Europe chrétienne, appartient bien au XVe siècle : un élargissement des limites géographiques du monde grâce aux « grandes découvertes », notamment celle du continent américain que le navigateur Americano Vespucci désignera comme la quatrième partie du monde connu dans son ouvrage *Mundus novus* (*Nouveau monde*) paru en 1504 ; une accélération de la circulation des idées grâce à l'invention de l'imprimerie (1455), premier vecteur de mondialisation culturelle ; un éclatement en germe de l'unité de la foi chrétienne occidentale par les prémices de la réforme protestante. Pour autant, on peut également considérer que le Moyen Âge a connu de multiples « renaissances » si l'on prend ce terme au sens d'une évolution culturelle originale, fondée sur la transmission de modèles antiques. Ainsi en va-t-il de la « renaissance » carolingienne entre VIIIe et IXe siècle, nommée ainsi dès le XIXe siècle, qui vit une réforme fondamentale de l'écriture s'opérer – par l'invention de la minuscule caroline permettant la copie en nombre de manuscrits dans les *scriptoria* monastiques – et la mise en place d'une culture commune partagée par les lettrés de l'Europe carolingienne ; de la « renaissance » du XIIe siècle, fondée sur un usage renouvelé du droit romain à l'origine d'une formalisation de plus en plus poussée des rapports de domination ; ou encore de cette « renaissance » artistique que connurent les régions situées entre Flandre et Champagne au tournant des XIIe et XIIIe siècles. Portée par un dynamisme économique et démographique fondé sur l'essor des foires de Champagne et la circulation des richesses et des hommes, cette période (1150-1250) voit la naissance d'un style nouveau d'art sacré – le « style 1200 » – d'inspiration antique, attaché à l'observation de la nature et des corps.

Il apparaît finalement bien peu pertinent de continuer à opposer terme à terme Moyen Âge et Renaissance, voire faudrait-il abandonner définitivement le concept de « renaissance », quelle que soit la période à laquelle on l'applique, tant ce terme recèle en creux une idée préconçue de progrès faisant suite au règne de la barbarie et de l'inculture.

Le Moyen Âge, comme toute époque, a été parcouru de moments d'épanouissement culturel, aux multiples influences, et aux origines d'une culture occidentale commune.

Célébrations nationales en 2000 : programme des manifestations

Île-de-France-Paris

L'Ensemble Venance Fortunat, dirigé par Anne-Marie Deschamps, propose un programme « An 1000/An 2000 », composé d'œuvres inédites, demandées à des compositeurs contemporains sur des thèmes choisis dans des manuscrits du XIe siècle.

– 17 janvier-3 avril : « Les chrétiens en l'an Mil : de la peur à l'espérance » ; exposition présentée par le Centre historique des Archives nationales au musée d'Histoire de France. Deux conférences (Jean-Pierre Brunterc'h, le 28 janvier sur « pouvoir et hérédité en l'an Mil » et Pierre Riché, le 17 mars, sur « art et culture en Occident autour de l'an Mil ») et un atelier pédagogique consacré aux « grandes peurs au Moyen Âge » accompagnent l'exposition.

– 17 mars : « Le mythe des peurs de l'an Mil », conférence par Sylvain Gouguenheim, grande salle de l'École nationale des chartes.

Languedoc-Roussillon, Villeneuve-lez-Avignon

– 26 février : « L'an Mil. Perspectives nouvelles ? », conférence par Robert Fossier à La Chartreuse.

Nord-Pas-de-Calais, Douai

– 11 et 12 décembre : Concert par l'Orchestre et le Chœur régional Nord-Pas-de-Calais. Direction musicale Stéphane Cardon. Au programme, *La Création*, ouverture et chœur, de Haydn, *L'An mil, poème symphonique* de Pierné et création d'une œuvre contemporaine, *L'An Deux mille*, cantate pour chœur et orchestre commandée pour la circonstance par l'orchestre au compositeur Pierre Jansen.

« L'an Mil fut un temps de terreurs. »

Cette fin du monde si triste était tout à la fois l'espoir et l'effroi du Moyen Âge.

Jules Michelet, *Histoire de France*, 1833

D'où vient l'idée selon laquelle l'an Mil sonnerait la fin des temps ? Pour répondre à cette question, il faut d'abord se pencher sur le texte biblique et l'interprétation qui a pu en être donnée au Moyen Âge.

Le dernier livre du Nouveau Testament – l'Apocalypse, ou Révélation, de saint Jean – contient l'annonce, sur le mode visionnaire, de la fin des temps qui surviendra au bout d'une période de mille années consécutives à la naissance du Christ, ce dernier revenant alors pour instaurer son règne et juger les vivants et les morts. Ce temps doit s'ouvrir, toujours selon la prophétie, par une série de tourments s'abattant sur la terre et les actions malfaisantes des ennemis de l'Église infligeant des souffrances aux croyants. À la tête de cette armée du Mal se trouve « l'ange de l'abîme » : « Et elles [les sauterelles, tourment annoncé par la cinquième trompette] avaient pour roi l'ange de l'abîme ; il se nomme en hébreu Abaddon, en grec Apollyôn, en latin Exterminans » (Apocalypse IX, 1). On trouve une annonce similaire, c'est-à-dire celle du retour du Christ, dans d'autres passages du Nouveau Testament, notamment l'Évangile de saint Matthieu qui précise que la venue du Messie sera précédée de l'apparition de faux prophètes et de faux christs (au sens propre des « antéchrists » et non « antichrists » qui s'opposent au Christ alors que les premiers précèdent son retour), de guerres et de famines ainsi que de signes cosmiques effrayants prémonitoires. « L'abomination de la désolation dont a parlé le prophète Daniel sera [en outre] installée dans le Saint Lieu [c'est-à-dire Jérusalem] » (Évangile de saint Matthieu, 24). Cependant, ceux qui auront su résister aux épreuves seront sauvés. Il s'agit donc d'une annonce eschatologique* (qui concerne le salut), thème fondamental dans le christianisme médiéval, avertissant certes les chrétiens de temps difficiles à venir mais non dénués de tout espoir.

Dès le IVe siècle, le texte johannique fut interprété sans que l'on cherche, pour autant, à calculer la date précise de la fin du monde, ce que ne permettent d'ailleurs absolument pas les Écritures. Les thèmes de l'Apocalypse et du Jugement dernier font également partie très tôt des sources d'inspiration principales de l'iconographie chrétienne, à l'image du Christ en majesté des tympans des églises romanes. On retrouve ces thématiques dans les enluminures des manuscrits méridionaux et mozarabes des Xe-XIe siècles illustrant le *Commentaire sur l'Apocalypse* produit par le moine Beatus de Liébana, au nord des Asturies au VIIIe siècle. Ce dernier, plaçant son exégèse dans le contexte du développement de l'hérésie* adoptianiste (Jésus-Christ est un homme comme les autres et non le fils de Dieu), met l'accent sur la vengeance divine qui s'exerce à l'égard de ceux qui se placent hors de l'Église. Les visions de saint Jean exprimées dans le texte de l'Apocalypse donnent, il est vrai, abondante matière à l'illustration allégorique du jugement dernier et de l'instauration du royaume des Cieux, car elles utilisent des images – celle des vendanges et de la moisson, par exemple – qu'il est facile de reprendre comme autant de thématiques iconographiques.

Le chiffre mille, livré par le texte de saint Jean, a suscité, néanmoins, nombre d'interrogations et tenté certains de s'essayer à mesurer le temps, en particulier les clercs chargés d'élaborer le comput* liturgique qui permet d'établir un calendrier des fêtes religieuses mobiles en calculant leurs dates. « 1 000 » revêt, en effet, dès les débuts du christianisme une signification symbolique en termes de durée : chaque jour de la Création est, en effet, considéré comme équivalent à mille ans. La terre ayant été créée, d'après le récit de la Genèse, en six jours, la durée de vie du monde ne devait donc pas dépasser 6 000 ans, ou six âges si l'on préfère. En outre, le dernier âge était censé s'ouvrir par la venue du Messie, c'est-à-dire, pour les chrétiens, par l'Incarnation. Tout dépendait donc de la date fixée pour la naissance du Christ ! Le moine anglo-saxon Bède le Vénérable, au début du VIIIe siècle, proposa une solution pour faciliter les questions de datation : adopter un comput fondé sur l'Incarnation qui placerait symboliquement le sacrifice du Christ au cœur du temps chrétien. Du reste, dans les pratiques quotidiennes, le choix de l'ère de l'Incarnation dans la datation de l'année en cours ne s'imposera que progressivement durant le XIe siècle, ce qui veut dire que la plupart des gens ne savaient pas que l'on était en l'an Mil en 1000 ! Il existe, en effet, bien d'autres manières de dater, en référence aux années de règne d'un souverain, par exemple, ce qui demeure le mode le plus courant jusqu'à la fin du XIe siècle au moins. Le calendrier fondé sur l'Incarnation est ancien, puisqu'il fut établi par le moine Denis le Petit au milieu du VIe siècle, mais ne fut adopté que progressivement par l'Église elle-même et par la papauté notamment, au cours du Xe siècle.

C'est le chroniqueur bourguignon Raoul Glaber qui, le premier, associe l'an Mil à la date de la fin des temps. Aux yeux des historiens, depuis le XIXe siècle, il est ainsi véritablement devenu le « père » du millénarisme* et les extraits tirés de sa chronique, ou qu'on lui attribue à tort, ont véritablement forgé le mythe des terreurs de l'an Mil. Dans ses *Histoires*, rédigées entre 1031 et 1047, ce moine appartenant à l'ordre prestigieux de Cluny, relève les faits étranges et insolites s'étant produits entre 1000 et 1033 : éclipses, séismes, famine auraient précédé un très hypothétique pèlerinage massif à Jérusalem et un renouveau spirituel sans précédent de la chrétienté qui se serait alors couverte « d'une blanche robe d'églises. » Cependant, les catastrophes naturelles qu'il pointe du doigt lui servent autant à évoquer la colère divine qu'elles représentent, à ses yeux, des signes annonciateurs de la fin des temps : « On estimait, en effet, que l'ordre des saisons et des éléments, qui depuis les origines administrait les siècles passés, était retombé dans le chaos perpétuel et annonçait la fin du genre humain. »

Raoul Glaber, en clerc lettré, se fait avant tout ici moraliste et se pose en censeur de la société encourageant à la pénitence, beaucoup plus qu'en prophète apocalyptique. Les faits qu'il rapporte ne doivent donc pas être pris au pied de la lettre, de même qu'il ne se fait le témoin d'aucun mouvement de panique ou de terreur collective. On peut même légitimement considérer que ses préoccupations sont d'ordre exclusivement eschatologique et non millénaristes (recherchant la fin des temps). Raoul Glaber ne dit pas, en effet, que l'an Mil marque la fin des temps, à proprement parler, mais qu'il faut que l'Église et la société se réforment pour retrouver les valeurs des temps apostoliques. « L'idée de fin du monde est là, en quelque sorte, par anticipation pédagogique » (S. Gouguenheim, *Les Fausses Terreurs de l'an mil*, 1999). Il s'inscrit, dès lors, dans le grand mouvement de réforme de l'Église qui, régulièrement tout au long du Moyen Âge, rejaillit sous la forme, notamment, de mouvements spirituels ascétiques. Ces aspirations de type évangélique prennent également un tour plus populaire par le biais des mouvements condamnés comme hérétiques par l'Église et qui se développent, au début du XIe siècle, en France, en Italie et dans la vallée du Rhin.

Il ne convient donc pas d'exagérer les signes d'attente millénariste que l'on peut voir évoqués par les chroniqueurs autour de l'an Mil. On trouverait, d'ailleurs, le même type de texte à d'autres périodes du Moyen Âge, telles l'année 800 ou encore la période de la peste noire au milieu du XIVe siècle. Si angoisse il y eut, ce dont on ne peut être certain, elle concerne avant tout les moyens, pour chaque chrétien, de garantir son salut et de marquer sa reconnaissance envers le Christ souffrant.

Le mythe des terreurs de l'an Mil ne correspond donc à aucune réalité établie ; il a été forgé à la fin du XVIe siècle par le cardinal César Baronius, dans ses *Annales ecclésiastiques* un ouvrage militant en faveur de la Contre-Réforme, et amplifié au début du XIXe siècle, par le mouvement littéraire romantique qui voulait voir dans le christianisme médiéval un temps de ferveur religieuse et de passion. Repris et popularisé par des historiens tel Jules Michelet, dans son *Histoire de France*, il est, peu à peu, devenu l'une des images symboliques du Moyen Âge, une période longtemps considérée comme incapable de contrôler ses émotions.

À l'approche de l'an 2000, l'intérêt pour la période de l'an Mil et de ses soi-disant angoisses a ressurgi autour des travaux d'un médiéviste américain, Richard Landes, qui a repris la question en essayant de prouver que cette période avait bien été un temps de terreurs. Si les sources textuelles n'en faisaient que peu mention, ou de manière très indirecte, c'était, selon lui, parce que l'Église avait exercé une censure sur ces témoignages qui révélaient des troubles importants au sein de la population. Cette thèse, impossible à prouver puisque les documents potentiels qui auraient pu l'accréditer avaient par définition disparu, n'a rencontré que peu d'échos auprès de la communauté internationale universitaire ; l'an Mil a cependant trouvé dès lors une place dans la mémoire collective. Ainsi, lors des commémorations nationales de l'année 2000 en France, la liste officielle comprend une entrée « an Mil », qui se décline en différentes manifestations dans les régions. Mais il s'agit alors d'une commémoration d'un type un peu particulier, comme l'explique le médiéviste Jacques Le Goff en charge de la coordination de ces événements. Il s'agit avant tout de « combattre le fétichisme de la date » et de « corriger la mémoire par l'étude historique de façon aussi objective que possible ». Les commémorations de l'an Mil, en 2000, prennent ainsi la forme de conférences tenues par des universitaires, historiens et archéologues, dans des lieux symboliques comme les Archives nationales, de concerts et expositions artistiques faisant référence à la période de l'an Mil (c'est-à-dire le XIe siècle) et tentant d'en dévoiler les éléments caractéristiques au grand public. Jacques Le Goff conclut son texte de présentation en formant le vœu que « la période de l'an mille, dans la perspective du XXIe siècle, devr[a] surtout susciter l'espoir que le siècle à venir soit, comme l'a été le XIe siècle selon la formule de Georges Duby, “un nouveau printemps du monde”. »

L'an Mil à la télévision

Entre 1974 et 1985, l'historien Georges Duby, spécialiste de la période de l'an Mil et auteur de plusieurs ouvrages sur le sujet, participe à la réalisation de trois téléfilms qui vont marquer l'histoire de la télévision. En 1974, *L'An Mil 960-1040*, réalisé par Jean Cazenave et produit par Pierre Dumayet, propose au téléspectateur de suivre une conversation itinérante entre Georges Duby et le producteur de l'émission, qui le conduit dans quelques grands lieux de l'art roman du sud de la France, et au cours de laquelle les deux hommes évoquent tout en se promenant les traits de la civilisation chrétienne du XIe siècle mais aussi la vie quotidienne en l'an Mil. Le tout est ponctué par des lectures d'extraits de textes de Raoul Glaber par le comédien Paul Crauchet qui apparaît sur un fond d'écran noir faisant contraste avec le cadre naturel dans lequel se place la conversation.

Quelques années plus tard, en 1980, l'œuvre de Georges Duby donne à nouveau lieu à la production d'une série d'émissions de télévision. Il s'agit, cette fois, de retracer à travers neuf thématiques qui correspondent à autant de numéros de la série, les principales étapes de l'histoire de l'Occident médiéval, en commençant par l'an Mil. Georges Duby est de nouveau mis en scène, toutefois il apparaît ici dans sa stature de professeur, debout, cependant que les séquences sont émaillées d'images d'archives, d'œuvres d'art et de monuments célèbres qui viennent ponctuellement illustrer le propos.

La bande annonce de la diffusion, en 1984 sur TF1 qui a produit le film, d'un feuilleton en trois épisodes consacré à l'an Mil se veut spectaculaire et accrocheuse. Sur un fond sonore d'orage, une voix off précise que le film que l'on va voir le soir même permet de pénétrer au cœur « du millénaire le plus sanglant de l'histoire » ! Il s'agit d'un téléfilm réalisé par Jean-Dominique de la Rochefoucauld dont le scénario se fonde sur l'ouvrage éponyme de Georges Duby, l'historien ayant par ailleurs activement participé à l'écriture du scénario et à la réalisation du film. Le format choisi est ici celui de la fiction qui doit permettre au téléspectateur de s'identifier aux personnages et de mieux comprendre par là ce qu'a pu être la vie quotidienne en l'an Mil, mais aussi les attentes, les doutes et les espérances des gens de l'époque. On suit donc, sur trois épisodes, la vie d'un jeune couple de paysans – Guillaume et Jeanne – qui permet de s'immerger dans le contexte et de percevoir les bouleversements sociaux qui sont à l'œuvre. Les moyens utilisés dans la réalisation de cette fiction n'ont rien de spectaculaire, les décors sont le plus souvent en extérieur, aucun effet particulier n'est recherché en un choix volontaire qui privilégie la simplicité et le naturel plutôt que l'action et le mouvement.

Le succès rencontré par ces téléfilms, notamment la fiction de 1984, doit beaucoup aux talents pédagogiques de Georges Duby qui a su user du média que représentait la télévision pour insuffler auprès du grand public un nouveau goût pour le Moyen Âge, en le rendant accessible en quelque sorte. Il est en cela représentatif d'une nouvelle génération d'historiens qui, dans les années 1970-1990, ont accédé à une véritable consécration médiatique en œuvrant à la diffusion la plus large possible de la connaissance historique par la télévision, que Georges Duby considérait comme « le moyen le plus extraordinaire que nous ayons pour diffuser les connaissances » (*L'Histoire continue*, 1990).

« La peste a décimé l'Europe au bas Moyen Âge. »

Le père ne visitait pas son fils, ni le fils son père : la charité était morte et l'espérance abattue.

Guy de Chauliac, médecin du pape Clément VI, *La Grande Chirurgie*, 1363

La « grande pestilence » qui frappe l'Occident à partir du mois d'octobre 1347 n'est pas d'une nature totalement inconnue à l'époque. Le bacille de la peste, découvert en 1894 seulement, transmis à l'homme par la puce du rat noir a déjà, en effet, donné lieu, au VIe siècle, à une grande épidémie dite « peste justinienne ». Cependant, plus de six siècles séparent, en ce milieu du XIVe siècle, les contemporains de la dernière apparition de la maladie en Occident et ils ne peuvent, dès lors, en avoir qu'une connaissance livresque. La rapidité de la propagation du mal, ses causes que l'on identifie très mal, les moyens dérisoires que l'on a de s'en protéger vont achever de transformer l'épidémie en un véritable fléau dont la récurrence, tout au long des XIVe et XVe siècles, précipite l'Europe dans une crise sociale et morale profonde.

Originaire vraisemblablement des bords de la mer Noire, où la maladie sévit depuis un certain temps, le bacille est rapporté par les bateaux génois partis du comptoir de Caffa en Crimée dès la fin de l'année 1347. Les points de contact commerciaux sont en priorité touchés sans être, pour autant, les seules cibles du mal, tels la Sicile dès le mois d'octobre puis la Toscane, Marseille et la vallée du Rhône. C'est en Avignon que

Les saints protecteurs de la peste

Le saint protecteur de la peste au Moyen Âge dans tout l'Occident est **saint Sébastien**, auquel on prête le pouvoir d'arrêter les épidémies. Martyr romain de la fin du IIIe siècle, sa légende se diffuse dès le Ve siècle. En butte au pouvoir de Dioclétien en raison de ses activités de prosélyte (diffuseur actif de la foi chrétienne), Sébastien est condamné à mourir percé de flèches. Cependant, recueilli encore vivant par la veuve Irène et guéri de ses blessures, il se présente devant l'empereur qui le fait lapider. Son corps sera enseveli dans le cimetière des catacombes grâce à une matrone romaine à laquelle il est apparu en songe.

Son culte, développé à partir du VIIe siècle à la suite de l'épidémie ayant frappé Rome et dont l'arrêt lui est attribué par Paul Diacre, est vraisemblablement dû à une croyance très ancienne qui assimilait les épidémies à des flèches décochées par la divinité pour punir les hommes.

Un autre saint protecteur de la peste est **saint Antoine l'ermite**. On trouve sa légende racontée dans le fameux texte de Jacques de Voragine, la *Légende dorée*. Ce saint anachorète oriental, dont les reliques sont conservées à partir du milieu du XIe siècle en Dauphiné, est vénéré comme protecteur des maladies contagieuses dermatologiques, notamment le « mal des ardents », sorte de gangrène engendrée par l'ingestion de l'ergot du seigle, mais aussi la lèpre, la peste et la gale.

Saint Roch, quant à lui, ne devient un saint protecteur de la peste qu'à partir du XVe siècle. Sa vie teintée de légende le campe comme le fils d'un riche marchand de Montpellier qui, au milieu du XIVe siècle, se fit ermite et multiplia les pèlerinages. Au retour de l'un d'eux, qui le mena à Rome, il fut victime de la peste. Retiré dans un bois, il fut nourri par un chien, qui lui apportait un pain chaque jour, et soigné par un ange. Jeté en prison à son retour dans sa ville natale, il y soigna les pestiférés jusqu'à sa mort, que l'on situe soit à Montpellier soit à Angleria en Lombardie.

la maladie croise le chemin du pape Clément VI, qui autorisera les premières autopsies de cadavres humains afin de mieux comprendre le mal, dont celui de Laure de Noves, chantée par le poète Pétrarque, que le médecin du pape Guy de Chauliac tentera en vain de sauver. En 1348, la peste atteint Paris et le Nord du royaume de France, progressant le long des axes routiers à une vitesse de l'ordre de 30 à 130 km par mois. L'extrémité septentrionale de l'Europe (Écosse, Scandinavie) sera touchée, quant à elle, durant l'année 1350, puis enfin la lointaine Russie en 1352.

Le diagnostic porté sur le mal, tant par les chroniqueurs lettrés que par les médecins de l'époque, révèle une observation très précise des manifestations de la maladie et a pu convaincre les historiens de la nature double de l'épidémie : dans une même région ont pu, en effet, sévir simultanément deux formes de peste, la peste dite pulmonaire, la plus meurtrière, qui se caractérise par des tremblements du corps et des crachements de sang et la peste bubonique qui se manifeste par l'apparition de bubons à l'aine et aux aisselles ainsi que par la couleur noirâtre que prend le cadavre aux endroits des piqûres de puce, d'où le nom que l'on donnera à l'épidémie dès le milieu du XIVe siècle : la « Mort noire ». Les explications fournies par les « scientifiques » sont liées aux connaissances épidémiologiques transmises par la médecine antique depuis le médecin grec Galien et contenues dans le Canon (ensemble de règles) rédigé par Avicenne au Xe siècle. On considère que l'air est corrompu par l'haleine des malades mais aussi par toutes les sources de pollution que l'on peut rencontrer dans une ville médiévale, à commencer par les détritus et ordures domestiques jetés à même la rue. Cette corruption peut également avoir été entraînée par des phénomènes météorologiques et astronomiques exceptionnels et annonciateurs, par là même, de la catastrophe. Des mesures de purification de l'air sont prises : grands feux odorants, éloignement des foyers potentiels d'infection par l'inhumation des pestiférés hors les murs, procédé de la quarantaine appliqué aux équipages des navires et aux voyageurs. On retrouve là de vieux réflexes de rejet qui frappent, d'ordinaire, les lépreux. La pratique et l'observation quotidienne permettent également de comprendre, même si on ne le nomme pas toujours directement, le phénomène de la contagion par le contact direct avec les malades, leurs vêtements, leurs objets personnels. De fait, si les mécanismes démographiques se trouvent en partie déréglés (on constate, par exemple, un phénomène de « classe creuse », c'est-à-dire une diminution sensible du nombre des naissances dans les années 1360), si les solidarités familiales sont effectivement ébranlées (les familles n'accompagnent plus le mourant au moment de la mort et il faut payer des croque-morts fort cher pour pallier cette défaillance), il ne faut cependant pas toujours prendre pour argent comptant les avis émis par des chroniqueurs volontiers moralistes, sujets à chercher avant tout dans le péché et le relâchement des mœurs les causes de la « pestilence ». Le XIVe siècle est ainsi, également, un temps de regain pour les communautés familiales larges, alliant foyer commun et communauté de biens, même si, par ailleurs, le nombre des personnes « déracinées » ne cesse d'augmenter.

Ce qui frappe également les esprits est le caractère implacable que revêt la mort, fulgurante (la maladie ne dure, en général, que deux à trois jours) et universelle, frappant sans discerner vieux et jeunes, riches et pauvres. Certaines catégories sociales se trouvent, à l'évidence, plus exposées que d'autres : médecins, notaires et prêtres ainsi que les membres des ordres mendiants qui ont obtenu, au XIIIe siècle, l'autorisation pontificale d'entendre en confession et de donner les

La peste à Florence vue par Boccace

Dans son célèbre ouvrage, le *Décaméron*, rédigé entre 1350 et 1354, Boccace, qui a dû quitter Florence en raison de la peste, livre dans la première partie du livre – ou première journée – une description très détaillée et précise des symptômes que prend l'épidémie dans sa ville. Cette description inspirera par la suite les écrivains, dont Ken Follett dans *Un monde sans fin*, suite de la saga contée dans *Les Piliers de la Terre*.

« [...] Quasi au commencement du printemps de ladite année [1348], le fléau déploya ses douloureux effets dans toute leur horreur et s'affirma d'une prodigieuse façon. Il ne procédait pas comme en Orient où, à quiconque sortait du sang par le nez, c'était signe d'une mort inévitable ; mais, au commencement de la maladie, aux hommes comme aux femmes, naissaient à l'aine et sous les aisselles certaines enflures dont les unes devenaient grosses comme une pomme ordinaire, les autres comme un œuf, et d'autres moins, et que le vulgaire nommait bubons pestilentiels. Et des deux parties susdites, dans un court espace de temps, ce bubon mortifère gagnait indifféremment tout le reste du corps. Plus tard, la nature de la contagion vint à changer, et se manifesta par des taches noires ou livides qui apparaissaient sur les bras et sur les cuisses, ainsi que sur les autres parties du corps, chez les uns larges et rares, chez les autres petites et nombreuses. [...] Je dis que l'énergie de cette pestilence fut telle à se communiquer de l'un à l'autre, que non seulement elle se transmettait de l'homme à l'homme, mais, chose plus étonnante encore, qu'il arriva très souvent qu'un animal étranger à l'espèce humaine, pour avoir touché un objet ayant appartenu à une personne malade ou morte de cette maladie, tombait lui-même malade et périssait dans un très court espace de temps. De quoi mes yeux – comme j'ai dit plus haut – eurent un jour, entre autres faits du même genre, la preuve suivante : les haillons d'un pauvre homme mort de la peste ayant été jetés sur la voie publique, deux porcs étaient survenus et, selon leur habitude, avaient pris ces haillons dans leur gueule et les avaient déchirés du groin et des dents. Au bout d'une heure à peine, après avoir tourné sur eux-mêmes comme s'ils avaient pris du poison, ils tombèrent morts tous les deux sur les haillons qu'ils avaient malencontreusement mis en pièces. [...] »

derniers sacrements. Ce sont aussi ceux qui, ne disposant pas de moyens matériels suffisants, n'ont pu fuir la ville, seul moyen efficace de se prémunir.

La rapidité et la violence de l'épidémie, ses conséquences démographiques aussi entraînent des bouleversements d'ordre culturel et sociétal. Dans le domaine artistique, la proximité quasi quotidienne de la mort transforme l'art funéraire en art macabre ; parmi les thématiques qui sont alors développées celle de la danse macabre, que l'on décline sous forme iconographique, littéraire ou encore musicale et théâtrale au XVe siècle, est sans doute la plus connue. Elle associe en une sarabande infernale les vivants et les morts qui déploient leur farandole lugubre afin de rappeler à tous que la mort ne connaît ni distinction de classe ni privilège de l'âge. Le motif plus ancien des cavaliers de l'Apocalypse connaît, quant à lui, un regain d'intérêt dès le XIVe siècle, comme en témoigne la tapisserie dite Tenture de l'Apocalypse conservée au château d'Angers. Il s'agit d'une illustration d'un passage du sixième livre de l'Apocalypse (6, 1-8) par lequel Jean décrit une vision au cours de laquelle le Christ ouvre les sept sceaux ; des quatre premiers sortent quatre cavaliers, dont trois symbolisent les fléaux envoyés sur terre : le cavalier monté sur un cheval rouge représente la guerre, le noir la famine et le vert (ou d'une couleur verdâtre qui rappelle la couleur d'un cadavre en décomposition) la peste. Mais les évolutions ne s'arrêtent pas là. L'impact démographique de la peste aurait engendré, selon l'historien David Herlihy, une véritable transformation de la société et des mentalités occidentales qui auraient été contraintes de répondre aux défis posés par cette catastrophe inédite. L'épidémie aurait ainsi eu des répercussions non seulement démographiques et économiques mais également politiques et religieuses à l'origine du monde moderne.

Ces défis tenaient, en premier lieu, à la production d'une explication crédible de l'épidémie. En l'absence de toute donnée scientifique réelle, et conformément à la mentalité de l'époque, la mort ne peut être que le juste châtiment des péchés des hommes qu'il faut donc expier individuellement et collectivement. Les confréries de flagellants et de pénitents, nées en Italie au XIIIe siècle, se multiplient et essaiment jusqu'en Flandre et en Allemagne, de même que le culte rendu aux saints, patrons des villes ou saints guérisseurs tel saint Roch, connaît un essor spectaculaire. L'ascétisme et la volonté d'expiation vont aussi conduire à des formes dramatiques de conflits sociaux : la recherche de boucs émissaires cède bientôt le pas à la rumeur selon laquelle l'eau des puits aurait été empoisonnée par les Juifs. Un peu partout en Occident on assiste alors à des scènes de pogroms, les communautés juives payant par-là le prix de la dégradation progressive de leur situation au sein des États occidentaux depuis le début du XIIIe siècle.

Les conséquences sociales et politiques de l'épidémie sont, en effet, sans doute plus importantes encore que son impact direct sur la démographie. Il s'agit, pour les autorités notamment, municipales ou étatiques, de remettre de l'ordre dans la société, conformément au devoir de paix et de justice qui leur incombe. La marginalité, qu'elle soit sociale (vagabonds, mendiants) ou économique (chômeurs, pauvres), devenue sujet de méfiance dès la fin du

XIIIe siècle, se trouve ainsi encadrée voire réprimée par les ordonnances* émises notamment en France et en Angleterre en 1350, dont l'objectif officiel est de pallier l'absence de main-d'œuvre et d'enrayer la hausse consécutive des salaires en obligeant toute personne valide à travailler.

Les conséquences démographiques semblent énormes : on estime généralement qu'environ 25 millions d'Européens disparaissent en l'espace de moins de cinq années, le taux de mortalité dû à la peste varie entre 20 % et 90 % selon les régions. Guy de Chauliac estime que la maladie « fut si grande qu'à peine elle laissa la quatrième partie des gens ». Cependant les chiffres fournis par les chroniqueurs sont à prendre avec beaucoup de précautions : la tentation de donner des chiffres ronds, ayant plus ou moins une signification biblique, est en effet grande et ne garantit en rien un véritable dénombrement des décès ! En outre, les chroniqueurs issus du monde urbain et souvent membres du clergé, donc appartenant aux catégories de personnes qui ont été les plus exposées, décrivent des situations extrêmes.

Cependant les campagnes, à l'écart des grandes voies commerciales, n'ont pas été « épargnées ». L'archéologie atteste, par exemple, de cas célèbres de villages totalement désertés à la suite de la peste, tel celui de Tusmore, au sud de l'Angleterre. Dans les campagnes, ce ne sont pas les routes commerciales qui véhiculent la contagion, mais bien plutôt les chemins empruntés par les paysans dans leurs déplacements quotidiens vers leurs lieux de travail. On comprend mieux la propagation spectaculaire de la maladie et la gravité de ses conséquences : aucune communauté ne vit totalement isolée au Moyen Âge, l'essor des échanges et des contacts de toute nature entre villages a, ainsi, favorisé la propagation du mal.

Cependant, la disparition d'un foyer fiscal ne signifie pas forcément la mort des personnes qui le composaient. Les habitants fuient la misère entraînée par les mois de peste qui ont fait chuter dramatiquement la production céréalière.

Au fond, c'est bien le rôle des mécanismes démographiques, dans toute leur complexité, qu'il convient de replacer au sein du phénomène général des crises du bas Moyen Âge (c'est-à-dire de l'enclenchement d'une phase de récession démographique et économique qui inaugure le XIVe siècle) que révèle la peste de 1348. En effet, dès les années 1280 l'Europe aurait connu une situation de surcharge démographique sur la plupart des terroirs ruraux, facteur de déséquilibre et de paupérisation d'une partie de la population rurale. La peste et ses conséquences démographiques n'entraînent pas la crise démographique mais la précipitent par leur caractère endémique qui, en ne permettant pas à la population de rétablir une situation de croissance, pérennise la dépression jusqu'à la fin du XVe siècle.

La peste noire a-t-elle vraiment existé ?

Dans un ouvrage paru en 1997, recueil posthume de conférences prononcées en 1985 – *The Black Death and the Transformation of the West* –, l'historien américain David Herlihy revient sur la question de la peste de 1348 et sur ses interprétations par les historiens. Il souligne notamment le fait que les récits et descriptions fournis par les chroniqueurs ne correspondent pas aux symptômes de ce que l'épidémiologie moderne a défini comme étant la peste bubonique. En effet, si l'on examine de près le texte de Boccace, par exemple, on s'aperçoit que ce qui est décrit relève de différents types de maladies dermatologiques, engendrant bubons mais aussi abcès, furoncles et éruptions cutanées sur tout le corps, alors que la peste bubonique est caractérisée, quant à elle, par un seul bubon généralement situé à l'aine. Certains ont également remarqué qu'il est fort étrange qu'aucun chroniqueur n'évoque la présence de rats en nombre, nécessaire pourtant à la transmission de la peste par les puces que leurs corps transportent.

Dès 1984, le biologiste Graham Twigg – *The Black Death: A biological Reappraisal* – remettait en cause la nature de l'épidémie ayant sévi en Europe au milieu du XIVe siècle, notamment dans le nord du continent et en Angleterre, pour des raisons climatiques, le bacille n'ayant pas pu survivre à des températures inférieures à 10° C. Or la peste est censée avoir touché l'Europe septentrionale en hiver. Il suggère d'y voir plutôt une forme d'anthrax pulmonaire.

D'autres scientifiques plus récemment, épidémiologistes (Susan Scott, Christopher Duncan) ou paléoécologues (Mike Baillie) ont rouvert ce dossier et émis d'autres hypothèses : l'épidémie aurait pu être due à un virus du type Ebola, et non à une bactérie ou un bacille, voire à l'impact de comètes, ayant engendré tremblements de terre et perturbations de l'atmosphère en certaines régions, dont les traces ont été observées dans les anneaux de croissance des arbres et les carottes de glace prélevées au Groenland qui contenaient de l'ammonium en quantité anormale.

Vraisemblablement faut-il considérer la pandémie de 1348 comme le résultat d'une combinaison de différents types de pathologies infectieuses contagieuses, ayant pris diverses formes suivant les régions, qui ont rendu sa connaissance et sa maîtrise impossibles pour les contemporains.

« Tous les paysans étaient des serfs. »

Serfs des serfs, ânes parmi les ânes,
Dieu vous maudisse pour les siècles des siècles ! Amen.

Merlini, *Satira contro il villano*, poème en latin et italien, XVe siècle

« Le serf attaché à la glèbe*. » Voilà bien, s'il en est, une image solidement ancrée dans l'imaginaire collectif ! Elle s'accompagne généralement de fantasmes liés à l'expression du droit éminent que le seigneur exerçait sur ses paysans, tel le fameux « droit de cuissage » rendu célèbre au XVIIIe siècle par Beaumarchais dans *Le Mariage de Figaro* ; il symbolisait à l'époque l'arbitraire « féodal » que les Lumières voulaient mettre à bas. Force est de constater que les mentalités médiévales elles-mêmes, en discréditant le monde paysan par le biais de la littérature satirique notamment, ont largement contribué à cet état de fait. Ainsi les fabliaux* se moquent de l'apparence physique des « vilains », leur ignorance supposée et les vices paysans s'opposant point par point à la noblesse chevaleresque.

Le serf, privé de liberté, se trouve en fait placé au plus bas échelon de la société, non pas parce que le plus pauvre, mais parce que soumis à l'arbitraire fiscal seigneurial. Autrement dit, s'interroger sur le servage, c'est toucher à la nature même du pouvoir seigneurial, à l'essence de ce qui constitue la dépendance juridique dans laquelle évolue le monde paysan. Or, s'il est un domaine récemment renouvelé par les historiens, c'est bien celui de la seigneurie médiévale et de la nature du rapport de domination qui unit un seigneur aux hommes qui sont soumis à son autorité. Plusieurs approches ont pu être tentées de ce qu'est une seigneurie, que l'on peut envisager tout à la fois, et sans contradiction, comme une entreprise économique qui fonctionne sur le prélèvement que le seigneur opère régulièrement sur les productions de ses hommes, une institution de domination au sein de laquelle le lien hiérarchique sera d'autant mieux accepté qu'il sera considéré par les dominés comme légitime, ou encore comme un système juridique et politique fondé sur le contrat qui unit, de manière individuelle par le biais du bail de location de la tenure* et collective par celui des rituels communautaires, un seigneur à des sujets. À l'intérieur de cette institution, plusieurs statuts peuvent coexister ; si la dépendance est généralisée dans le sens où l'ensemble des hommes d'une seigneurie sont placés sous la juridiction du seigneur, cela ne signifie pas pour autant que tous sont astreints au même régime. Certains sont moins libres que les autres, ce sont les serfs.

C'est bien en termes juridiques que le servage se définit, et c'est dans les mêmes termes que le médiéviste Marc Bloch, l'un des premiers à s'être intéressé au XXe siècle à cette question dans son ouvrage *Rois et serfs*, pose le problème. S'attachant au XIIIe siècle, l'historien définit dans un premier temps les caractéristiques de la servitude : il s'agit d'un statut juridique héréditaire privant un homme de liberté et par lequel un lien personnel est créé avec le seigneur. Trois taxes le caractérisent : le chevage – paiement annuel recognitif de quelques deniers –, le formariage – confondu et transformé, à l'époque moderne, en « droit de cuissage » (il s'agit d'un droit de contrôle sur le mariage des serfs qui ne sont pas autorisés à épouser hors de leur condition ni en dehors des limites de la seigneurie dont ils dépendent) –, la mainmorte – payée par les seuls serfs et non par l'ensemble du monde paysan,

Le vilain croqué par la littérature satirique. Extrait de *La Sferza contro i Villani*, deuxième moitié du XVe siècle.

Dans le monde de la littérature satirique, telle qu'elle fleurit notamment en Italie aux XIVe-XVIe siècles, le paysan, quel que soit son statut juridique, est assimilé au « vilain », c'est-à-dire celui qui vit à la campagne (les « villes » sont les domaines ruraux par opposition aux cités). La charge souvent virulente portée contre lui l'oppose en tout point au citadin dont il est l'exact opposé : grossier, sale, laid, il est également voleur, rusé et bestial. Ce genre de littérature fait prendre conscience du fossé culturel qui oppose villes et campagnes et du mépris dans lequel les paysans sont tenus aussi bien par le monde de la noblesse, qui les domine, que par celui des villes dont les mœurs et les valeurs sont considérées comme supérieures.

Si tu confies une propriété à un vilain
Qui travaille d'autres terres que la tienne
Tu peux dire que tu lui auras mis un sac dans la main
Pour qu'il puisse te voler autant qu'il le veut des fruits,
Du vin, de l'huile, du bois, du grain
Il en voudra deux fois plus par rapport à toi
Si tu te plains qu'il ôte ton bien
Il répond qu'il l'a récolté sur sa terre
Si tu donnes des terres en fermage à quelque vilain
N'espère pas d'avoir jamais la totalité
De ce qui était convenu par un écrit de sa main
Il te fera croire que le noir est blanc
Il prétendra que l'orage a été malfaisant à son égard
Il ne te dira jamais la vérité
Tantôt la sécheresse lui aura nui tantôt la pluie
Et ainsi il te mènera où il veut
Ainsi il te rend la monnaie par un mensonge
Avec la conviction de t'avoir trop payé.

elle consiste en une taxe sur l'héritage. Ces charges et incapacités juridiques, telle le fait qu'un serf ne puisse être clerc, auxquelles peuvent s'ajouter certains types de corvée comme les *weekworks* en Angleterre qui consistent en journées de travail hebdomadaires sur les terres du seigneur, se retrouvent, à quelques nuances près, dans la majorité des régions occidentales.

L'analyse de Marc Bloch, conduisant à considérer le servage comme une forme d'expression du pouvoir de la classe seigneuriale sur une partie de la paysannerie, pose également la question de la signification sociale de ce statut ainsi que de ses modes de diffusion qui apparaissent intimement liées au système seigneurial. C'est au XIe siècle que l'on place généralement la période d'essor de la dépendance paysanne. Celle-ci serait due à l'émergence de la seigneurie banale* qui étend son emprise à toute la paysannerie. L'expression « seigneurie banale » ou « châtelaine » a été forgée par Georges Duby qui, dans sa thèse sur la région maconnaise au tournant de l'an Mil, qualifie de la sorte le régime seigneurial qui se met en place à cette époque et par lequel le groupe des *milites* impose son pouvoir à la classe paysanne en s'accaparant les droits et les pouvoirs anciennement régaliens, tel le droit de justice, ainsi qu'en imposant de nouvelles taxes de manière unilatérale. Ainsi, l'apparition au XIe siècle de prélèvements jusqu'alors inconnus, telle la taille seigneuriale (paiement dû pour prix de la protection accordée par le seigneur à ses hommes) ou encore ce que l'on nomme les banalités (paiements pour l'utilisation, par ailleurs obligatoire, du four, du moulin ou du pressoir seigneurial), aurait placé les paysans dans la dépendance des seigneurs. Le besoin de protection, la volonté de créer un lien privilégié avec le seigneur ont pu également conduire certains à entrer volontairement dans la dépendance économique d'un puissant. Ainsi, au Moyen Âge central, entre les XIe et XIIIe siècles, peut-on rencontrer dans les campagnes et sur un même terroir des hommes dotés de privilèges fiscaux, car tenanciers de terres nouvellement défrichées dont le régime seigneurial a été allégé par l'exemption de certaines taxes, des tenanciers libres et des tenanciers serfs soumis aux taxes récognitives de ce statut.

La question de l'origine de la servitude médiévale a longtemps intrigué les historiens. On considérait jusqu'à récemment, à la suite de Georges Duby notamment, que le servage médiéval était directement issu du régime de l'esclavage antique dont les traits se maintiennent dans les campagnes occidentales au moins jusqu'au VIIe siècle. Puis, l'action conjuguée et progressive de l'influence de l'Église (le christianisme condamne la réduction en esclavage des chrétiens), de l'évolution de la société rurale et des structures du grand domaine rural, ainsi que les mutations intervenues au tournant de l'an Mil auraient conduit l'esclavage à s'éteindre progressivement pour céder le pas au servage dont les caractéristiques juridiques sont différentes : si l'esclave est considéré en droit comme un objet, propriété de son maître, le serf, quant à lui, possède une personnalité juridique, seule sa liberté d'action est limitée. Certains historiens, à l'heure actuelle, tel Nicolas Carrier, remontent cependant la chronologie de la disparition de l'esclavage rural pour placer la période décisive d'apparition du servage aux VIIIe-IXe siècles plutôt qu'au XIe siècle. Dans son ouvrage intitulé *Les Usages de la servitude. Seigneurs et paysans dans le royaume de Bourgogne (VIe-XVe siècle)*, Nicolas Carrier place ainsi l'origine du servage dans cette région (qui comprend le Dauphiné, la Savoie et la Suisse romande) au VIIIe siècle. Il s'agit alors d'un régime juridique nouveau, qui s'inspire du modèle que représente l'esclavage antique dont il emprunte le vocabulaire notamment, mais qui concerne une réalité socio-juridique bien différente. Le servage devient le signe par excellence de la domination seigneuriale aux XIe-XIIe siècles, une manière pour les seigneurs de hiérarchiser les droits levés sur les hommes soumis à leur autorité tout en affermissant le lien de domination. En Italie, le phénomène observable à travers les sources des grands monastères est plus complexe : on assiste dès le IXe siècle à une dégradation de la condition de certains hommes libres qui peut conduire à un déclassement social par asservissement pour dette par exemple. Parallèlement, le nombre des esclaves chasés sur une tenure, c'est-à-dire qui acquièrent le statut de tenancier, ne cesse d'augmenter. Le chasement permet, progressivement, le changement de statut par la fixation d'un héritier sur la tenure et le mariage rendu possible avec un conjoint libre. Dès lors la frontière entre liberté et servitude devient ténue pour une partie de la population paysanne, au profit d'une catégorie nouvelle assimilable au servage.

Au XIIIe siècle, dans un contexte de croissance, des chartes d'affranchissement sont accordées contre paiement à des communautés entières par les grands seigneurs ecclésiastiques du Bassin parisien, tels les abbés de Saint-Germain-des-Prés ou Saint-Denis, à l'imitation du roi de France Louis IX. Les raisons invoquées dans les préambules de ces textes – soustraire les serfs au péché de l'inceste occasionné par la conclusion d'un lien matrimonial avec un parent, un danger dans lequel ils sont susceptibles de tomber du fait des restrictions fortes apportées par le statut servile au mariage qui ne doit pas se faire en dehors des limites de la seigneurie – ne sont pas, pour le médiéviste, de la simple rhétorique mais correspondent à une réelle volonté de l'Église de « sauver la face » en

La révolte des serfs de Crépy-en-Valois, décembre 1102

« Au nom du père, du Fils et du Saint Esprit. Nous voulons faire savoir aux hommes présents et futurs que certains serfs et serves de Saint-Arnoul en sont venus un jour à s'opposer et à se rebeller contre l'église et les moines de Saint-Arnoul. Forts de leur grand nombre et d'une grande agitation du peuple, ils soutenaient qu'ils ne donneraient absolument plus la taxe à payer pour prendre des épouses [qui rachète le formariage] et la part de leurs biens que nous appelons couramment mainmorte. Ils affirmaient qu'ils prendraient des épouses libres sans aucune considération pour le monastère et qu'ils donneraient leurs filles, libres, à des hommes d'ailleurs. Seule concession cependant : ils prêteraient serment de fidélité à l'église. Et ainsi ils se soustrayaient au droit et à la servitude du monastère.

Sur tout cela, nous avons porté plainte et revendiqué en présence de dame Adèle, notre comtesse, l'épouse d'Hugues le Grand, frère du roi de France Philippe et qui était alors parti en pèlerinage à Jérusalem. La comtesse fixa un jour convenable pour trancher cette affaire. Nous sommes venus le jour dit et, en présence des grands et des princes voisins, nous avons conduit notre cause de la façon suivante. C'est à savoir qu'ayant avoué, ayant été convaincus de leur culpabilité et confondus par un jugement légal en présence de la comtesse, de tous les barons et de la foule innombrable qui participaient à cette dispute, ils ont reconnu être à perpétuité les serfs et les serves de l'église Saint-Arnoul, de même que toute leur descendance. Ils ont prêté le serment de fidélité devant le peuple. Chacun des hommes et des femmes a payé la redevance et le prix de leur tête [le chevage] c'est-à-dire 4 deniers par tête. »

justifiant le renoncement aux droits serviles par l'adéquation aux préceptes du mariage chrétien tels qu'ils se définissent depuis le IXe siècle. Surtout, il convient de souligner combien la définition même du servage peut être fluctuante et ce statut se transformer au gré de la conjoncture. Aux XIVᵉ et XVᵉ siècles, on assiste même à la mise en place d'un « nouveau, ou second, servage », une expression qui qualifie les prétentions de certains seigneurs à maintenir coûte que coûte le statut servile afin de pallier la chute de leurs revenus. Cette seconde servitude peut également être le résultat de la mise en place de pratiques administratives nouvelles par les États princiers qui cherchent à hiérarchiser et classer les différents statuts juridiques des hommes soumis à leur autorité en distinguant différents degrés de dépendance. Dans certaines régions, telle l'Angleterre, il faut attendre la fin du Moyen Âge, pour voir le servage reculer de manière sensible. D'une manière générale, et contrairement à ce que l'on pourrait penser, le bas Moyen Âge, et son cortège de crises, ne représente pas forcément une période de difficultés pour une partie du monde paysan. Le manque de main-d'œuvre dû à la baisse démographique ainsi que le contexte général, qui entraîne une chute sensible des revenus seigneuriaux et un renouvellement de la classe seigneuriale par les investissements opérés par des citadins – marchands, hommes de loi, fonctionnaires – dans les campagnes proches de la ville où ils résident, peuvent contribuer à l'émergence de certaines revendications. Les procès qui remettent en cause le statut servile ne sont pas rares en Aquitaine, par exemple, à cette période.

L'interprétation du statut servile, on l'aura compris, pose problème aux historiens et il convient, en ce domaine comme en bien d'autres, de rester prudent en se gardant de toute généralisation. Si l'on ne peut rejeter l'analyse marxiste qui donne le servage comme un mode d'exploitation de l'homme par l'homme et revêt le grand mérite de mettre l'accent sur le poids social de la servitude et la volonté exprimée régulièrement par les hommes qui y étaient soumis de se

Quand le cinéma donne à voir les difficultés du monde seigneurial

La Passion Béatrice est le titre donné en 1987 par Bertrand Tavernier à un film historique qui connut un succès discret. Pourtant, la reconstitution qu'on y découvre du contexte de la guerre de Cent Ans et de ses conséquences sur le monde seigneurial y apparaît très inspirée et réussie, même si le réalisateur se défend d'avoir voulu donner par là une leçon d'histoire : « Filmer l'histoire, c'est d'abord rêver ; ne jamais reconstituer. » Le scénario met en lumière la situation de la catégorie la plus pauvre de la noblesse, dans le contexte des crises de la fin du Moyen Âge. On y suit Béatrice, la fille du seigneur de Cortemart, en charge du domaine en l'absence prolongée de son père François et de son frère aîné Arnaud, partis tous deux à la guerre puis faits prisonniers lors de la bataille de Crécy (1346). Lorsque ceux-ci reviennent, le monde a profondément changé. En proie aux difficultés matérielles, François envisage de marier sa fille à un jeune marchand de la ville, mais renonce bientôt. Le traumatisme de la guerre – que Tavernier invente, mais de manière réaliste – se traduit chez lui par des accès de violence parfois tournées contre sa propre fille, à laquelle il voue par ailleurs une passion irraisonnée. La vie quotidienne de petits nobles au temps de la guerre de Cent Ans n'est, certes pas, le sujet du film qui explore, au-delà de la distance établie par le contexte, les tourments intemporels de l'âme humaine en temps de guerre. Celui-ci réussit néanmoins, par les parti-pris de mise en scène ainsi que par les décors naturels et les dialogues très simples et réalistes, à en brosser un tableau très convaincant et plausible, nuançant fortement l'idée d'un monde seigneurial homogène et uniformément riche.

débarrasser, parfois par la révolte, plus souvent par la contestation en justice, des « mauvaises coutumes », la situation ne peut se réduire partout et toujours à une forme économique d'aliénation de l'homme par l'homme. En particulier, le lien à la tenure, l'obligation de résider sur place et de ne pas se marier en dehors de la seigneurie, représentent, certes, une privation de liberté, mais garantissent aussi l'accès du serf à la propriété et son intégration à la communauté rurale. Ainsi dans le sud de la France, en Languedoc, les tenanciers dits « de mansates », à la tête de tenures vastes qui correspondent à de véritables exploitations agricoles, comptent parmi les plus aisés des paysans et jouent souvent le rôle d'agents seigneuriaux malgré leur statut servile.

Le servage ne concerne pas, on le voit, la totalité du monde paysan, ni même la majeure partie à partir du XIIe siècle. Il s'agit d'un statut juridique plastique, la forme par excellence de la dépendance paysanne vis-à-vis d'un seigneur, le cœur d'une relation personnelle complexe que l'on peut analyser de manière légitime en termes d'aliénation de la personne et du travail. C'est aussi un moyen entre les mains seigneuriales, à partir du XIIIe siècle, de tirer parti, par la fiscalité servile ou le prix imposé à l'affranchissement, de la croissance et de la volonté exprimée par les communautés qui y étaient soumises de se débarrasser de cette macule sociale. Cependant, le lien servile peut aussi représenter un moyen de se distinguer, de créer un lien de fidélité avec le seigneur.

BÊTES, SALES
ET MÉCHANTS

« Seuls les moines possédaient le savoir. »

À la quadragésime [période de Carême],
tous les frères recevront des livres de la bibliothèque
qu'ils devront lire d'une manière suivie et entière.

Règle de saint Benoît, VIe siècle

Le « savoir », tel qu'on peut l'entendre ici, correspond à une forme de culture reposant sur la maîtrise de la langue latine écrite, langue de culture réservée aux lettrés et aux clercs, qu'ils appartiennent au clergé dit séculier – c'est-à-dire dont la vocation première est la prédication auprès de la population – ou au clergé régulier, vivant en communauté et respectant les principes d'une règle de vie monastique, et ce jusqu'à la fin du Moyen Âge. En ce sens, le latin médiéval oppose ceux qui dominent l'outil linguistique de la culture savante, nommés *litterati*, à ceux qui n'entendent pas le latin, les *illitterati* – ou « illettrés » –, sans que pour autant ces derniers soient considérés comme dépourvus de toute culture. Les instruments de la culture populaire et profane reposent cependant plutôt sur l'oralité et ses différentes formes d'expression tandis que l'on assiste à un essor de l'usage des langues vernaculaires écrites dans la production culturelle de la fin du Moyen Âge.

Les monastères sont, dès les VIIe-VIIIe siècles, les principaux centres de production culturelle en Occident. Ce fait repose essentiellement sur deux fondements. D'une part, la règle bénédictine, rédigée au VIe siècle par saint Benoît de Nursie pour le monastère du mont Cassin, au sud de Rome, qu'il venait de fonder, impose aux moines de partager à parts égales le temps quotidien entre trois types d'activité, le travail manuel, l'office divin et le travail intellectuel consistant en la lecture des textes sacrés – la *lectio divina* – mais aussi la copie d'ouvrages liturgiques et pieux dans le cadre d'ateliers de copie que l'on nomme des *scriptoria.* À l'époque carolingienne (VIIIe-IXe siècle), la règle bénédictine, jusque-là en concurrence avec d'autres règles, dont celle de saint Colomban qui avait été adoptée par de nombreux monastères du nord-est de l'Europe, est imposée par le pouvoir à l'ensemble des communautés monastiques de l'empire afin d'uniformiser les coutumes et modes de vie monastiques. Cette volonté s'inscrit alors dans le contexte d'une réforme de l'Église entamée dès le milieu du VIIIe siècle. Les monastères de Corbie, Saint-Riquier, Saint-Martin de Tours, au nord de la Loire, mais aussi Reichenau, sur le lac de Constance, et Saint-Gall en Suisse produisent ainsi activement nombre de manuscrits dont environ 8 000 ont été conservés. D'autre part, les cathédrales ne sont pas en reste dans cette activité, comme Orléans ou Reims sous l'épiscopat d'Hincmar, archevêque dans la seconde moitié du IXe siècle.

À partir du VIIIe siècle, des efforts sont entrepris pour retrouver les formes de la grammaire du latin classique – ce que l'on a nommé la « renaissance » carolingienne – et en faciliter l'apprentissage. Le monastère de Saint-Martin de Tours s'illustre particulièrement dans cette tâche, sous l'égide de l'abbé Alcuin, un moine d'origine anglo-saxonne qui fut conseiller de Charlemagne. Pour permettre une meilleure copie des manuscrits anciens et éviter les erreurs et autres coquilles qui pourraient entacher les textes sacrés, on met également au point, toujours au IXe siècle, une réforme de l'écriture qui permettra de rendre clairs et lisibles tous les textes produits dans les monastères, par l'adoption de la « minuscule caroline » lointain ancêtre de nos lettres d'imprimerie. En 789, Charlemagne promulgue un capitulaire*, intitulé *Admonitio generalis*, par lequel il entend définir son ministère et mettre en place les cadres de son administration. Ce texte constitue également la première véritable législation scolaire du Moyen Âge, car les évêques et les moines sont invités à entretenir des écoles qui permettront aux futurs clercs d'apprendre à lire le latin, à chanter l'office (c'est-à-dire le service religieux) et, de la sorte, de mieux encadrer le peuple et transmettre le message évangélique :

« Que les prêtres attirent à eux non seulement les enfants de condition servile, mais aussi les fils d'hommes libres. Nous voulons que des écoles soient créées pour apprendre à lire aux enfants. Dans tous les monastères et les évêchés, enseignez les psaumes, les notes, le chant, le comput*, la grammaire, et corrigez soigneusement les livres religieux. » Le clergé doit, ainsi, seconder le souverain dans l'accomplissement de sa mission et guider le peuple sur la voie du salut grâce à une bonne interprétation des textes sacrés. Il n'est cependant pas question, contrairement à ce que pourrait laisser croire le texte, d'assurer un enseignement généralisé à l'ensemble des enfants : seul un petit nombre, généralement destiné à la cléricature, accède à ces écoles.

Ceci explique que les grands centres d'études, à l'époque carolingienne, se confondent avec les principaux monastères d'entre Loire et Rhin, tous dotés d'un *scriptorium** et d'une bibliothèque, sans oublier les évêchés. Là, se développent de véritables écoles autour de maîtres prestigieux, comme à Saint-Gall ou à Reims au début du IXe siècle. On y apprend non seulement la grammaire latine et le chant, mais aussi l'ensemble des arts libéraux*, tels qu'ils se sont définis au Ve siècle.

Ce n'est qu'à partir du XIIIe siècle que la production de manuscrits se déplace en ville et, avec elle, le cadre de la culture savante. L'essor urbain s'accompagne, en effet, d'une multiplication des écoles en ville – que l'on peut comparer à nos écoles primaires et secondaires – où sont formés les enfants des notables. Les citadins peuvent, à partir du Moyen Âge central, donner à leurs enfants une éducation élémentaire – c'est-à-dire la maîtrise de la lecture et de l'écriture – par le biais soit du recours à un précepteur privé, si l'on appartient à la noblesse princière ou aux classes aisées de la population urbaine, ou en les envoyant fréquenter ce que l'on appelle les petites écoles élémentaires, ou écoles de grammaire. Placés généralement sous l'autorité de l'évêque de la cité ou d'autres établissements ecclésiastiques, les régents de ces écoles et les maîtresses d'école pour les filles enseignaient aux enfants entre 7 et 14 ans les rudiments de la lecture et de la grammaire latine. Le matériel pédagogique utilisé consiste en des livres pieux – le Psautier (recueil des psaumes) par exemple pour apprendre à déchiffrer les lettres –, puis des « manuels » de grammaire et des recueils de textes tels les *Distiques* attribués à Caton ou les *Fables* d'Ésope. Ces petites écoles pouvaient également se trouver, quoique en nombre moins important, à la campagne, ouvertes alors aux garçons seulement. N'oublions pas, cependant, que les prêtres ruraux avaient tous la possibilité, dans la mesure de leurs propres compétences, de délivrer un enseignement élémentaire prioritairement destiné aux futurs clercs. Ainsi, au bas Moyen Âge, les grandes villes sont toutes dotées de plusieurs écoles de grammaire et certaines régions, comme l'Angleterre, semblent avoir été bien scolarisées, leurs écoles pouvant accueillir plusieurs centaines d'élèves au XVe siècle.

Certaines catégories sociales se trouvent plus particulièrement destinées à poursuivre cet apprentissage élémentaire. Dans les villes marchandes d'Italie centrale et septentrionale, notamment, l'enseignement de la grammaire devait se prolonger, pour les fils d'hommes d'affaires, par des notions d'arithmétique et de comptabilité ainsi que par une initiation à l'art de rédiger des contrats. Ce second apprentissage était alors pris en charge par un « maître d'abaque », l'abaque étant une sorte de boulier qui servait au calcul. Les notaires, figures fondamentales du monde urbain au bas Moyen Âge, pouvaient également recevoir une formation complémentaire, « technique » comme on dirait aujourd'hui, par l'entrée au service d'un notaire en activité auprès duquel ils pouvaient se former aux règles de cette profession. Dans d'autres lieux, on pouvait se préparer à l'université par des cours de logique, voire par une initiation au droit, à la théologie ou encore aux matières du *quadrivium**.

La véritable « révolution » culturelle que connaît l'Europe par la multiplication des écoles urbaines, à partir du XIIIe siècle, a pour conséquence une évolution des méthodes de production du savoir par le biais des universités. Au sein de ces établissements, qui correspondent au départ au simple regroupement de maîtres et d'étudiants qui s'associent et se dotent de statuts approuvés par les autorités temporelles et pontificales, s'invente la méthode scolastique qui consiste à appliquer un raisonnement logique à un problème posé afin d'aboutir à une conclusion irréfutable. Cet exercice, véritable méthode scientifique que l'on peut appliquer à tout type de sujet, accompagne un changement dans la production savante au tournant du XIIIe siècle : les années 1170-1250 représentent, en effet, le siècle d'or des encyclopédies médiévales – que l'on nomme sommes ou miroirs (ce terme désigne un ouvrage ayant pour ambition de faire la somme des connaissances d'une époque donnée) – qui sont le produit de l'enseignement scolastique. La masse des connaissances s'accroît également, un phénomène que reflètent aussi ces sommes, grâce aux traductions latines établies en Sicile, Italie du sud ou encore en Espagne dès le XIe siècle, de textes de science et de philosophie antiques et arabes. Ce goût de l'encyclopédisme traduit une demande de diffusion et de vulgarisation de la culture, qui correspond à la nécessité pour les puissants – qu'ils soient princes, seigneurs ou notables urbains – de posséder une culture générale élargie afin de mieux exercer leurs charges.

Ce contexte produit également un véritable goût pour le savoir et l'innovation qui, vers le milieu du XIIIe siècle, dépasse pour la première fois les limites de la science antique. Ce phénomène de « désinhibition » de la science occidentale, se traduit par des innovations techniques et scientifiques liées à l'observation du monde physique. Ces évolutions touchent plusieurs domaines : la mécanique (c'est dans les années 1270-1280 qu'apparaissent les premières horloges mécaniques en Occident), l'optique (on invente en Italie, vers 1280, les lunettes pour corriger la myopie), la physique (en 1269, Pierre de Maricourt résume dans son traité *De magnete* ses expériences et connaissances sur l'aimant), ou encore la chirurgie (au milieu du XIIIe siècle, l'italien Teodorico Borgognoni préconise de désinfecter les plaies au lieu de simplement les suppurer ; c'est vers 1275 que les premières dissections semblent avoir été pratiquées à Bologne) et la navigation (à la fin du XIIIe siècle apparaissent les premières cartes nautiques à lignes magnétiques – portulans –, dont l'usage est attesté, avec la boussole et le compas, à l'extrême fin du XIIIe siècle dans un traité de géographie italien : le *Liber de divisione orbis terrarum*).

Enfin, la culture savante urbaine repose, par ailleurs, de plus en plus à partir du XIIIe siècle sur les langues vernaculaires dont l'usage écrit se répand. Ainsi, certains miroirs, destinés à contenir le savoir de l'honnête homme du bas Moyen Âge, sont-ils directement rédigés en langue vulgaire, tel le célèbre *Livre du Trésor* du notaire et homme politique florentin Brunetto Latini, exilé en France en 1260, qui expose dans le prologue de son ouvrage rédigé en français l'importance de cette langue qui est « plus agréable à lire et entendre que toutes les autres ».

On le voit, le savoir au Moyen Âge est loin d'être l'apanage des seuls moines. En particulier, l'essor urbain et la multiplication des écoles, tout comme les progrès en matière de connaissances scientifiques et techniques créent un contexte favorable dans lequel se déploient l'imagination et l'inventivité des hommes du Moyen Âge, qu'ils soient clercs ou laïcs.

« Il n'y avait aucune hygiène. »

Nul bain pendant mille ans !

Jules Michelet, *La Sorcière*, 1830

Le terme « hygiène », dérivé du grec et se rapportant aux choses relatives à la santé, n'est pas présent dans le vocabulaire médiéval. Pour autant, cela ne signifie pas que les problèmes de santé publique liés à la saleté et au manque d'hygiène, au sens où nous l'entendons aujourd'hui, n'ont pas été dénoncés ni pris en compte par les contemporains.

En premier lieu, la rue médiévale est une source reconnue par les autorités d'infections potentielles. La rue est sale, c'est un fait, car l'on y jette sans discernement ordures ménagères non comestibles par les animaux, restes de boucherie, eaux usées et détritus artisanaux. La puanteur émane tant des déchets déversés sur la voirie que des relents provenant des fleuves et rivières. Ainsi, les *Chroniques* de Saint-Denis rapportent-elles la mésaventure survenue au roi Philippe Auguste au début du XIIIe siècle qui, ayant voulu prendre l'air à l'une des fenêtres du palais royal, sur l'île de la Cité, se trouva tellement incommodé par la puanteur montant de la Seine qu'il eut un haut-le-cœur et manda aussitôt le prévôt et les représentants de la ville pour leur enjoindre de faire curer et paver les rues de la capitale.

Les raisons de l'insalubrité des villes médiévales sont multiples, qu'elles soient liées à la topographie même de la ville, dont certains quartiers peuvent être bâtis sur des terrains au dénivelé insuffisant, aux pratiques consistant à élever en pleine ville porcs, ânes et autres chèvres ou au manque de commodités publiques. Les latrines – appelées « retraits » ou « fosses à retraits » – sont rares ; dans l'espace public, elles peuvent se situer au sommet de l'enceinte, sur le chemin de ronde et au-dessus d'un cours d'eau ce qui ne contribue pas à assainir ces derniers ! On en trouve également aménagées entre deux maisons par un système de solives soutenant quelques planches trouées en leur centre, comme on le trouve rapporté par Boccace dans le *Décaméron* à l'occasion du récit de l'aventure qui arrive à Andreuccio de Pérouse.

Dès le XIIIe siècle, les autorités se préoccupent d'enrayer la pollution émanant des activités urbaines en rejetant à la périphérie des villes les métiers les plus salissants ou incommodants, tels les tanneurs, les teinturiers ou encore les foulons qui travaillent le drap en le foulant au pied, ou avec un moulin, pour le débarrasser de ses impuretés avant qu'il ne soit teint. On tente également de prendre des mesures de répression contre les propriétaires d'animaux qui auraient laissé ces derniers divaguer ou encore à l'encontre de ceux qui jettent leurs immondices sur la voie publique. Voici ce que l'on peut lire dans les coutumes d'Avignon en 1243 : « Personne ne doit avoir de tuyau ou gouttières débouchant sur une rue publique par lesquels de l'eau pourrait se déverser dans la rue, à l'exception de l'eau de pluie ou de source. [...] Et personne ne doit jeter dans la rue de liquide bouillant, ni de brins de paille, ni de détritus de raisin, ni d'excréments humains, ni d'eau de lavage, ni autre ordure. Il ne doit non plus rien jeter dans la rue devant sa maison. » Il est cependant difficile de faire appliquer concrètement ces mesures, en l'absence le plus souvent d'un réseau efficient d'égouts permettant d'évacuer les détritus par temps de pluie. L'eau est rare dans la ville, et son usage public étroitement contrôlé par souci d'économie, une situation qui permet d'apercevoir, indirectement, les pratiques des citadins en matière de gestion des déchets domestiques. Ainsi, à Sienne, au début du XVe siècle les autorités de la ville dénoncent les ouvertures que des particuliers avaient pratiquées sur des conduites d'eau publiques afin d'y laver leur linge et d'évacuer leurs détritus. On prend également conscience, au XIIIe siècle toujours, du risque d'infection que représentent les cloaques à ciel ouvert que l'on tente d'assainir par la mise en place de systèmes de canalisations (les conduits de « merderons » ou « merdereaux »...) voire d'égouts véritables, c'est-à-dire de canalisations couvertes de dalles ou souterraines : à Paris, on creuse ainsi au nord de la rive droite des fossés servant d'évacuation aux eaux usées dès le milieu du XIIIe siècle (les Fossés-le-roi), des travaux qui seront repris et complétés au siècle suivant par le prévôt Hugues Aubriot. À Rennes, au milieu du XVe siècle, il est décidé la réalisation de canalisations formant réseau pour évacuer les eaux usées des quartiers orientaux de la cité dans la Vilaine, dont témoignent les registres de comptes municipaux. Les canalisations réalisées ont une forme carrée de 1 à 1,30 mètre de côté, les parois sont en maçonnerie, le fond dallé et la partie haute voûtée. Les archives urbaines montrent l'implication de différents acteurs dans le financement de ce système, depuis les autorités municipales (par le biais des impôts municipaux) jusqu'aux particuliers habitants du quartier concerné ou y tenant boutique et atelier. Dans certaines villes, enfin, dès le XIIIe siècle au plus tôt, on assiste à la mise en place d'un service d'éboueurs municipaux qui évacuent des rues les immondices accumulés à l'aide de véhicules nommés « bléneaux » ou « tombereaux ».

La maladie et, singulièrement, les épidémies seraient-elles dues à un manque fondamental d'hygiène au Moyen Âge ? À lire les règlements municipaux des XIVe et XVe siècles qui stigmatisent sous une même réprobation l'élevage domestique, la présence des lépreux et celle des prostituées, on est tenté de dire que les hommes de cette époque nourrissaient une même répulsion pour le sale, le corps malade et l'immoral.

De même, en effet, que l'on dénonce la « corruption de l'air » en cas d'épidémie, le corps malade est présenté comme corrompu, vicié en premier lieu par le péché. Le lépreux est ainsi, par excellence, l'image de l'homme pécheur, chargé de toutes les souillures, mais aussi et en même temps celle du Christ dont le corps souffrant rachète l'humanité. Les maladies parasitaires, ou dues à un manque d'hygiène corporelle, ne sont cependant pas les plus répandues. Bien plus affaiblissantes pour l'organisme humain sont, en effet, les carences alimentaires qui entraînent des déficiences organiques, fragilisent le système immunitaire et peuvent conduire à des intoxications alimentaires, tel le fameux « mal des ardents » ou « feu de Saint-Antoine », dû à une consommation de seigle ergoté qui se manifeste par une fièvre importante, des convulsions et l'apparition d'une sorte de gangrène aux doigts et aux orteils.

Le soin du corps et son entretien ont trait également à la question des bonnes manières, à l'hygiène et à la pudeur.

Les moines sont le plus souvent contraints par la règle qu'ils observent à ne pas prendre de bain trop souvent, voire même seulement deux fois par an comme dans le grand monastère bénédictin de Cluny ! C'est que l'on touche là à la notion d'ascétisme qui conduit ce type de clercs à se détacher des réalités matérielles et à cultiver le mépris du corps dans un objectif spirituel, en s'infligeant des blessures par le port d'un cilice* par exemple, ou par la pratique de la flagellation. C'est cette image, pourtant rapportée à une faible proportion de la population, qui a traversé les siècles et fait écrire à Jules Michelet que personne n'avait jamais pris de bain durant le Moyen Âge ! Pourtant, dès le XIIIe siècle, d'autres voix se font entendre, telle celle de saint François d'Assise qui considère qu'il ne faut pas que ses frères maltraitent trop leur corps, ou encore celle du dominicain Humbert de Romans pour lequel les mortifications physiques, les jeûnes et la malpropreté corporelle affaiblissent le corps tout autant qu'ils sont un signe d'orgueil de la part des frères qui s'imposent des épreuves trop grandes dans leur quête ascétique.

Dans les traités d'éducation destinés à la noblesse et autres miroirs (encyclopédies) qui fleurissent à partir du XIIIe siècle, la question de l'hygiène corporelle est abordée dans un souci de maintien du corps en bonne santé. Ainsi, si le toscan Aldebrandin de Sienne, dans son *Régime du corps* paru en 1257, évoque bien la fabrication du savon, ou encore l'usage du jus de blette et de l'os de seiche pilé pour se nettoyer respectivement les cheveux et les dents, ses préoccupations sont avant tout médicales : il s'agit de donner des conseils alimentaires et d'hygiène, de conseiller les mères, notamment, sur la façon d'allaiter, de nourrir leur enfant ou de le vêtir. On trouve aussi, chez cet auteur comme chez d'autres, l'idée qu'il faut laver le bébé, plusieurs fois par jour, le baigner notamment dans une eau dont on aura au préalable testé la température.

En dehors des apports de la littérature, l'historien reste très largement démuni quant à savoir quelles étaient les pratiques hygiéniques individuelles et quotidiennes. Les fouilles menées dans les nécropoles du très haut Moyen Âge, l'étude des inventaires après décès que l'on a pu conserver pour différentes catégories sociales montrent que les objets de toilette sont partout présents, tant sous la forme de peignes et épingles à cheveux, que de bassines qui ont pu servir à des ablutions ou encore de cuves et cuvettes. La littérature courtoise du Moyen Âge central, de même que l'iconographie, montrent que la pratique de se laver les mains grâce à l'eau contenue dans une aiguière avant de s'attabler à un banquet était courante. De même, Boccace rapporte dans le *Décaméron* que par mesure d'hygiène, les femmes se lavaient les cheveux et le corps au moins une fois par semaine, le samedi, et faisaient prendre un bain aux nouveaux-nés trois fois par jour. On pouvait également se baigner chez soi si l'on possédait une certaine aisance. Mais au-delà de ces constats, il est difficile d'aller plus loin et il faut, sans doute, convenir que, dans l'intimité du foyer moyen, l'on devait se laver rarement des pieds à la tête : les procès-verbaux d'Inquisition*, datés des années 1318-1325, montrent ainsi que les paysans accusés d'hérésie* dans le comté de Foix à cette époque ne se lavaient que très peu, par « morceaux » si l'on peut dire, et changeaient de linge très rarement.

Il demeure, cependant, que des bains publics – les étuves – se rencontrent dans toutes les grandes villes occidentales à partir du XIIe siècle. Au XIIIe siècle, ces établissements correspondent à des lieux d'hygiène ou l'on peut se laver entièrement. Les règlements de ces étuves permettent d'aller à l'encontre de quelques idées reçues relatives à la propreté des hommes du Moyen Âge. Ainsi, celui des bains de Paris, daté de 1268, précise-t-il que les hommes et les femmes ne doivent pas se baigner ensemble mais respecter un horaire différent ; en outre, il est conseillé aux personnes de se laver au préalable chez elles afin d'éviter de devoir se montrer nues en public. C'est que le Moyen Âge est très pudique : la nudité est perçue, sur le modèle biblique de la Chute du premier couple, comme péjorative. On la réserve, ainsi, pour certaines sanctions pénales dites infamantes, telle la course des amants adultères obligés de traverser la ville nus. De ce fait, la nudité, même au bain public, n'est jamais réelle mais toujours pudiquement voilée d'une chemise pour les femmes et d'un caleçon pour les hommes, de façon à masquer les parties génitales.

Les bains publics, tenus par un « baigneur » (qui correspond à une profession reconnue et enregistrée sur les livres de métiers), sont aussi, pour certains d'entre eux tout au moins, des « bains-bordels », hauts lieux de convivialité et de détente pour les citadins. On peut y manger, y boire, retrouver ses amis et se détendre sur les lits de repos prévus à cet effet. Cependant, cette image caricaturale ne doit pas être totalement généralisée, même si les sanctions prises à l'encontre des tenanciers de bains employant des prostituées n'étaient pas rares encore au XVe siècle.

C'est à partir du XIIIe siècle, enfin, que renaît la pratique de fréquenter les thermes, à la suite de la disparition inexpliquée du thermalisme antique durant le haut Moyen Âge. En Italie septentrionale, en Espagne mais aussi en Allemagne et en Angleterre voit-on ainsi apparaître des établissements thermaux dont le plus fameux est celui constitué dans la région de Naples, à Pouzzoles, rendu célèbre par un poème du XIIIe siècle. Il s'agit là cependant de soigner plutôt que de laver, à l'image des bains d'Ax-les-Thermes réservés aux lépreux.

Jean Froissart et la Jacquerie

Le récit de la Jacquerie, qui toucha le bassin parisien entre les mois de mai et juin 1358, par le chroniqueur Jean Froissart est un modèle du genre. À travers une description très partisane des actions commises – destinée à effrayer un auditoire nobiliaire – qui trouve son pendant dans la répression que cette révolte subira de la part de la noblesse rassemblée sous la bannière de Charles de Navarre, c'est tout l'antagonisme entre dominants et dominés qui est ici donné à voir, exacerbé par le contexte de la guerre et des défaites militaires subies par la chevalerie française qui remettent en cause sa position privilégiée. D'un point de vue anthropologique, le *modus operandi* n'est pas sans s'apparenter aux modes de règlement des conflits que l'on peut trouver à l'œuvre lors des querelles survenues entre deux communautés limitrophes par exemple, dont les membres n'hésitent pas à « manger » l'objet du litige – en général un troupeau qui est venu paître sur un terrain qui relevait de la communauté voisine – afin de priver l'adversaire de toute revendication.

« Certes, jamais, parmi les chrétiens et les sarrasins, ne se trouvèrent de tels forcenés. Qui faisaient le plus de mal et de vilenies, tel acte qu'une créature humaine ne devait oser penser, envisager de faire ni regarder, était le plus prisé parmi eux et le plus grand maître. Je n'oserais écrire ni raconter les actions horribles et obscènes qu'ils

faisaient subir aux dames. Entre autres, ils tuèrent un chevalier, l'embrochèrent, le tournèrent au feu et le rôtirent sous les yeux de la dame et des enfants. Après que dix ou douze eurent forcé et violé la dame, ils voulurent lui en faire manger par force, puis ils la firent mourir de male mort [c'est-à-dire de manière cruelle]. Ils avaient choisi parmi eux un roi, qu'on appelait Jacques Bonhomme, et qui était, à ce qu'on disait, de Clermont-en-Beauvaisis. Ils élurent le pire des pires. »

« C'étaient des temps cruels. »

Par ordre de la reine il est projeté à terre, couché sur le dos, on lui met sur la tête une immense barre de fer et avec une autre on le frappe au visage. C'est ainsi qu'ayant mené une vie toujours perfide, il la termina par une mort méritée.

Grégoire de Tours, *Histoire des Francs*, fin du VIe siècle

Comme le souligne l'historien Jean-Clément Martin (« Violence et révolution », dans Ch. Delacroix, F. Dosse, P. Garcia, N. Offenstadt (dir.), *Historiographies, II. Concepts et débats*, 2010), le terme « violence » est suffisamment indéterminé dans la langue courante pour qu'aucune définition claire ne lui soit accrochée ni appliquée par les historiens. Pourtant, la question de la violence aux temps médiévaux fait l'objet de recherches spécifiques depuis quelques années, qui permettent de renouveler notre approche de la société médiévale et de ses valeurs.

Pour bien comprendre la violence au Moyen Âge, il faut être conscient tout d'abord du fait que la cruauté supposée des temps médiévaux repose en grande partie sur une sur-interprétation du terme « barbare », nom donné aux peuples germaniques venus s'installer à l'intérieur des frontières de l'Empire romain d'Occident à partir du Ve siècle. Dans l'Antiquité, en effet, le « barbare » est celui qui est étranger au monde linguistique et culturel grec puis latin, celui qui ne parle pas la langue mais aussi qui ne participe pas des mêmes structures sociales et politiques : celles de la cité pour les Grecs, de la république puis de l'empire pour les Romains. Dès le haut Moyen Âge, ainsi, les termes de « barbarie » et de « sauvagerie » peuvent être utilisés pour dénoncer l'excès de violence ou la violence considérée comme illégitime, sous la plume, par exemple, de l'évêque Grégoire de Tours qui, au VIe siècle, retrace l'histoire des premiers souverains mérovingiens dans sa monumentale *Histoire des Francs.* Notre perception de la cruauté médiévale repose donc aussi, de façon inconsciente souvent, sur la littérature médiévale elle-même et sur les jugements de valeur portés par les clercs notamment.

L'image d'une société médiévale cruelle et violente est liée, en premier lieu, à une idée, défendue dès les années 1930 par le sociologue allemand Norbert Elias, auteur de la notion de « procès de civilisation », et reprise par de nombreux historiens jusqu'à très récemment, selon laquelle les hommes de la période médiévale étaient dominés par leurs passions et exprimaient leurs émotions de manière incontrôlée. L'un des effets de la « civilisation » et de la construction de l'État, à l'époque moderne, aurait été le contrôle des émotions et le polissage des mœurs. L'État absolutiste au XVIIe siècle, en France notamment, confisque à son usage la violence et la force armée, rendue illégitime dans le cadre des guerres privées, et impose le respect des procédures judiciaires et du droit souverain aux puissants. Les historiens des mentalités ont, depuis, nuancé ce schéma en mettant l'accent sur les sources qui nous permettent de connaître la violence médiévale et le rôle didactique joué par les « émotions » lorsqu'elles sont exprimées dans ces textes. Ainsi, pour le très haut Moyen Âge, entre le Ve et le VIIIe siècle, les documents dont nous disposons sont essentiellement d'ordre juridique – ce sont des codes de lois qui édictent les peines encourues en fonction des types de crimes commis –, littéraire (produites par des clercs), hagiographique (les vies de saints) ou historiographique, tel le texte connu sous le titre d'*Histoire des Francs* de Grégoire, évêque de Tours. Les auteurs, lorsqu'ils évoquent les émotions ressenties par les protagonistes de leurs récits, et notamment les sentiments de colère et de haine répondent, en fait, à un schéma de rédaction visant à faire passer un message : celui de la réprobation d'une conduite jugée comme non conforme car illégitime, fratricide ou injuste. C'est le cas, par exemple, du personnage de la reine Frédégonde, concubine du roi franc Chilpéric (539-584), qui incarne, aux yeux de Grégoire de Tours, tous les défauts féminins et s'oppose trait pour trait à l'épouse légitime, Galswinthe.

La violence peut donc être dénoncée, par l'Église notamment. Cependant, il s'agit alors aussi de définir les comportements pour lesquels son usage est pardonnable. Dans le courant du XIIe siècle s'élabore ainsi la doctrine de la guerre juste dont les principes seront incorporés au Décret de Gratien, l'un des piliers du droit canon, compilé par un moine de Bologne en 1140. La guerre juste est celle qui est motivée par la défense du pays attaqué ou par la récupération d'un bien spolié ; elle doit être déclarée par une autorité suffisante (ce qui reviendra, de fait, à réserver le droit de paix et de guerre aux seuls souverains), se faire sans excès et sans haine, en épargnant notamment les personnes désarmées et les églises ; ce doit être, enfin, l'ultime recours après que toutes les voies de la négociation ont été épuisées. Ces idées sont, à l'évidence, difficiles à mettre en œuvre, d'autant plus à partir du XIVe siècle, lorsque le type de soldats recrutés dans les armées occidentales change et que le recours aux mercenaires se répand notamment dans le contexte de la guerre de Cent Ans. Il n'empêche que ces conceptions font leur chemin dans l'opinion : ainsi, le chroniqueur bourguignon Jean Lefèbvre, dit Toison d'Or, dénonce-t-il le comportement du roi anglais Henri V lors de la bataille d'Azincourt, en 1415, qui fit massacrer tous les prisonniers français au lieu de leur garantir la vie sauve afin d'en exiger rançon.

Si le comportement de ce roi choque, c'est aussi parce que la violence et les actes de cruauté qui l'accompagnent sont, depuis le haut Moyen Âge, plutôt assimilés à certaines catégories sociales. La violence « barbare », si l'on peut dire, celle que l'on va dénoncer comme diabolique, est, par exemple, entre VIIIe et Xe siècle, le fait des « païens » et des « infidèles », qu'ils soient musulmans (un trait qui leur restera attaché, aux yeux des chrétiens, tout au long du Moyen Âge et même après), Hongrois ou Vikings. La cruauté est, de fait, par nature ce qui s'oppose à la civilisation pour les hommes du Moyen Âge et se trouve, de ce fait, rejetée dans le monde de l'exotique et de l'inconnu. Au cours des deux derniers siècles du Moyen Âge, ce type de comportement en vient également à s'attacher à la figure de « l'ennemi », extérieur (l'Anglais, par exemple, dans le cas du royaume de France) ou intérieur (les insurgés). On retrouve cette attitude au bas Moyen Âge, sous la plume du chroniqueur Jean Froissart lorsque celui-ci décrit les révoltes populaires, notamment la Jacquerie (révolte paysanne) qui toucha le Bassin parisien entre mai et juin 1358. Pour lui les Jacques, et d'une manière générale tous les révoltés qui mettent à mal l'ordre social et politique en sortant du cadre qui leur est imposé par la hiérarchie sociale, sont assimilables à des bêtes sauvages. Car il est, également, une catégorie sociale volontiers dépeinte comme cruelle et violente : le « vilain » s'oppose, dans ses comportements, au noble. Il ne possède, ainsi, aucune éthique, au contraire des chevaliers respectueux des règles de la guerre juste, et se livre à toutes sortes d'exactions, toutes plus diaboliques les unes que les autres car diamétralement opposées aux principes de la bonne guerre. De ce fait, les révoltes et mouvements populaires ruraux ne peuvent être, sous la plume de Jean Froissart par exemple, que des occasions pour les paysans d'assouvir leur instinct animal, en violant les femmes notamment, ou de tuer de façon bestiale les nobles, une manière aussi pour le chroniqueur de flatter son lectorat nobiliaire.

Les codes de lois, quant à eux, ainsi que certains passages de Grégoire de Tours, font pénétrer dans une autre dimension : celle de la justice et des modes de répression des crimes.

En ce domaine, les historiens médiévistes ont beaucoup appris des méthodes d'autres sciences sociales, notamment l'anthropologie juridique. Ainsi, la question de la violence aristocratique autour de l'an Mil – qui représentait l'un des piliers de la thèse de Georges Duby sur la mise en place de la seigneurie banale* et le renouvellement de la classe dominante au tournant du XIe siècle – a-t-elle pu être reconsidérée sous l'angle des pratiques de règlement des conflits. Dominique Barthélemy, parmi d'autres, a pu souligner le mode de fonctionnement cyclique de la violence chez les aristocrates, qui agissent pour affirmer un droit qu'ils jugent menacé ou pour s'en accaparer de nouveaux, en faisant alterner phases de guerre et temps de négociations.

Contrairement à ce que l'on peut trouver sous la plume de certains historiens, ce n'est pas l'absence d'État fort qui engendre l'usage de la violence dans le règlement des conflits privés, mais bien plutôt les fondements juridiques mêmes de la société. Durant le haut Moyen Âge, en effet, il est officiellement reconnu comme légitime d'attendre réparation, sous quelque forme que ce soit, d'une exaction subie. Ceci entraîne le devoir de vengeance – la *faide* – qui viendra laver l'honneur familial, déroulée en véritable cycle parfois, comme celui qui opposa les petits-fils de Clovis tout au long de la seconde moitié du VIe siècle. Pour enrayer cette mécanique, les lois promulguées par les souverains du haut Moyen Âge avaient pour objet de fixer le montant pécuniaire – le *wergeld* – des réparations attendues pour chaque type de crime commis envers un homme libre, ce qui leur confère un caractère un peu étrange à nos yeux. Le principe de ce système judiciaire n'est pas en effet, et contrairement à ce qui nous est familier à l'heure actuelle, de prévenir les actions criminelles mais bien plutôt d'en réparer les dommages sur le tissu social en cherchant à éviter l'enclenchement du cycle violent de la vengeance. Le rôle de justice du souverain consistait alors à rechercher les preuves de l'action dénoncée et à faire appliquer la loi en trouvant le juste prix pour faire renoncer l'offensé à la *faide*. De ce fait, l'action souveraine passe par le contrôle de la violence et l'imposition de la paix à l'ensemble des puissants. À l'époque carolingienne (VIIIe-IXe siècle), les souverains obligent, ainsi, les grands à accepter la composition financière en rachat de la vengeance ainsi qu'à se soumettre à l'arbitrage immédiat d'un juge public.

L'autorité, qu'elle soit seigneuriale, princière ou souveraine, a également recours à la violence dans l'application des peines criminelles.

Les procédures judiciaires en usage tout au long du Moyen Âge reposent sur différents types de preuves auxquels le juge peut avoir recours parfois simultanément. Parmi ceux-ci se trouve le procédé de l'ordalie qui consiste à faire subir à l'accusé une épreuve – de l'eau ou du feu – pour étayer ou non sa culpabilité et, ainsi, rechercher le jugement de Dieu. Cette procédure tombe peu à peu en désuétude, dans le courant du XIIIe siècle, au profit de l'enquête de témoignages, que l'on n'ignorait pas, pour autant, à l'époque précédente. C'est le pape Innocent III qui, au début du XIIIe siècle, fixe les cadres de la procédure juridique inquisitoire en élaborant un questionnaire pour démasquer les hérétiques et leur faire avouer leur erreur. Cette idée est reprise par les pouvoirs laïcs, à travers la procédure inquisitoire d'office qui va servir, à partir du milieu du XIIIe siècle, à juger notamment les crimes politiques ou de lèse-majesté.

L'aveu se trouve donc au cœur du processus judiciaire à la fin du Moyen Âge, un fait qu'il faut rapprocher de l'évolution des formes de la spiritualité populaire et de l'insistance mise, notamment par les prédicateurs mendiants, à la prise de conscience, par chaque individu, du péché. La prédication et la confession sont, par ailleurs, de véritables instruments de prévention du crime, au sens où elles participent de la volonté d'imposer à la population des modèles comportementaux vertueux. On peut également considérer des mesures telle l'interdiction du port des armes, prises dans la plupart des États occidentaux dans le courant du XIIIe siècle, comme participant de la même volonté de prévention. Comment faire avouer et, par-là, atteindre la vérité ? Par la torture, légalisée dans le courant du XIIIe siècle pour les crimes considérés comme les plus graves, tel le crime de lèse-majesté. Cette idée, qui nous paraît extrêmement choquante, doit être comprise à travers le prisme des mentalités médiévales. Aux yeux des hommes du Moyen Âge, le crime compromet l'ordre social et doit être châtié de façon exemplaire : l'objectif des autorités n'est donc pas, prioritairement de le prévenir, comme à l'heure actuelle, mais d'imprimer dans les esprits la peur du châtiment, la peine prononcée étant véritablement perçue comme une punition. D'où des types de peines que l'on considère aujourd'hui, tout au moins dans nos sociétés occidentales, comme cruelles, telles les peines de mutilation ou d'infamie – qui punissent des délits comme le vol –, ou encore les exécutions capitales en public dont certaines sont particulièrement inhumaines en prolongeant au maximum la vie et les souffrances du condamné. C'est que la souffrance a valeur pédagogique et participe de cette volonté didactique d'édifier le commun et de le terrifier afin de garantir l'autorité royale. Et c'est là une logique que l'on retrouvera à l'œuvre tout au long de l'époque moderne, une forme d'affirmation de la puissance du monarque absolu.

Le meurtre du seigneur Arnoul d'Ardres, raconté par Lambert d'Ardres dans *L'Histoire des comtes de Guînes* (début du XIIIe siècle)

Le récit ci-dessous est extrait de la très célèbre *Histoire des comtes de Guînes* [entre la Flandre et le comté de Boulogne], l'un des premiers récits généalogiques que l'on ait conservé pour l'aristocratie du XIIe siècle. Le meurtre évoqué se place au XIIe siècle et s'inscrit dans une série d'une dizaine de récits du même type pour la région des Flandres. L'auteur, un clerc qui était chapelain des seigneurs d'Ardres, un lignage allié des comtes de Guînes, est à la fois horrifié par le geste meurtrier, qu'il condamne sévèrement, mais aussi choqué par l'attitude du seigneur, plusieurs fois excommunié, dont la mort s'apparente à un jugement de Dieu. D'un point de vue anthropo-logique, la manière de tuer Arnoul est tout à fait caractéristique d'un mode opératoire non noble.

« Son mari, Arnoul le Jeune, autant il était cher et agréable aux chevaliers, prompt et dévoué au service des princes de Guînes au moins, ses seigneurs supérieurs, autant il était terrible et altier avec ses inférieurs par une certaine sauvagerie propitiatoire. De ce fait, certains de ses serfs et de ses sujets, ses familiers et ses cuisiniers, et d'autres de leur race exaspérante et mauvaise, conspirèrent pour le tuer et se conjurèrent pour le faire mourir. Un jour donc, Arnoul sortit d'Ardres le matin lors de la fête solennelle des Saints-Innocents ; il s'éloignait de Brêmes comme s'il voulait entendre au moins une messe, en se tenant en dehors de l'église. Comme il était interdit aux chanoines et aux prêtres d'Ardres de célébrer les mystères en sa présence, et ce tant qu'il serait à Ardres parce que, cité à venir en jugement en présence de l'évêque de Morinie, il restait contumace et rebelle, méprisant d'obéir et pour cela frappé d'une sentence rigoureuse de l'église et d'excommunication. L'un des traîtres infâmes et scélérats comptant au nombre de ceux qui complotèrent pour le faire mourir [...] lui dit qu'il avait vu et entendu dans le bois Fulbert, le long de la route qui mène à Norhout, un riche paysan en train de couper le chêne le plus haut de tout le bois. Comme Arnoul était, nous l'avons dit, avare et cupide, cruel et tyrannique envers ses sujets, il pensait et espérait qu'il obtiendrait beaucoup d'argent d'un paysan qui n'existait pourtant pas. Il part au bois Fulbert seul à seul avec le traître pour ne pas être aperçu du paysan [...] le traître qui le suivait sortit un gourdin qu'il avait caché dans le bois pour perpétuer son crime prémédité. Hélas, Seigneur, hélas ! Il jette de son cheval et renverse au premier coup porté sur la tête le chevalier chevaleresque [...] les autres se hâtent, complices et coupables avec lui d'une si grande traîtrise ; ils jetèrent leurs mains sur lui, sortirent des coutelas et des poignards des plus impitoyables et ils l'égorgèrent sans pitié. »

Le recours à la torture

Extrait du *Manuel des inquisiteurs*

« Il n'y a pas de règles précises pour déterminer dans quels cas on peut procéder à la torture. À défaut, voici sept règles repères :

– On torture l'accusé qui vacille dans ses réponses, affirmant tantôt ceci, tantôt le contraire, tout en niant les chefs les plus importants de l'accusation. [...] S'il niait une fois, puis avouait et se repentait, il ne serait pas considéré comme "vacillant", mais comme hérétique pénitent et il serait condamné.

– Le diffamé ayant contre lui ne serait-ce qu'un seul témoin, sera torturé. En effet, une dénonciation publique plus un témoignage constituent ensemble une demi-preuve [...]

– Le diffamé contre lequel on a réussi à établir un ou plusieurs indices graves doit être torturé. [...] Pour les prêtres, la diffamation suffit. [...]

– Sera torturé celui contre qui un seul déposera en matière d'hérésie et contre qui il y aurait en outre des indices véhéments ou violents.

– Celui contre qui pèseront plusieurs indices véhéments ou violents sera torturé, même si on ne dispose d'aucun témoignage à charge.

– On torturera à plus forte raison celui qui, semblable au précédent, aurait en plus contre lui la déposition d'un témoin.

– Celui contre qui il y aurait seulement diffamation, ou un seul témoin, ou un seul indice, ne sera pas torturé. »

« On brûlait les sorcières. »

As-tu cru ce qu'affirment certaines femmes diaboliques ?
Elles prétendent être contraintes et obligées, en compagnie de démons transformés en femmes, de chevaucher certaines nuits bien déterminées à dos de bêtes et, ainsi, de s'agréger à la troupe des démons.
Si oui : un an de jeûne.

Burchard de Worms, *Corrector sive Medicus* (pénitentiel), 1008-1012

Les pratiques de sorcellerie structurent la culture et la société occidentale du Moyen Âge, profondément imprégnées de religieux : « La sorcellerie était un moyen d'interpréter le monde en identifiant le principe du Mal, cause de tous les dysfonctionnements de l'ordre naturel et social. » (Jean-Claude Schmitt, article « sorcellerie » dans *Dictionnaire raisonné de l'Occident médiéval*, 1999).

Ce qui définit avant tout le sorcier – ces pratiques ne sont, en effet, pas réservées aux femmes au Moyen Âge – est le type de relations ambiguës qu'il entretient non pas avec le diable mais avec le monde du surnaturel, c'est-à-dire des forces et des éléments à l'œuvre dans le monde physique et sur lesquels le sorcier possède un pouvoir. Nombreux sont d'ailleurs ceux qui considèrent tenir leurs pouvoirs directement de Dieu et collaborent avec les prêtres. De même, les objectifs poursuivis ne sont que rarement revendiqués comme maléfiques, la plupart des sorciers agissant essentiellement comme guérisseurs. Ce qui inquiète néanmoins les autorités religieuses et laïques à partir du XIVe siècle, c'est que leur savoir relève de la culture populaire orale, sur laquelle les lettrés n'ont aucune prise. Les actes auxquels ils se livrent produisent des phénomènes inexplicables par les lois de la nature connues à l'époque. Les techniques employées sont en effet issues d'une culture empirique, transmise oralement souvent entre femmes ou par un parent. Il s'agit d'un ensemble d'actes et de paroles relevant de ce que les anthropologues nomment la magie blanche, fondée sur l'utilisation de pierres, d'herbes, d'onguents, qui permettent au sorcier de jeter des sorts par le biais de l'enchantement (par la récitation de formules magiques ou d'incantations), la fascination (qui consiste à provoquer un trouble du comportement chez la victime du sort), la ligature (en liant entre eux des objets appartenant à la victime et par lesquels des fonctions corporelles seront suspendues ; le cas le plus courant consiste à « nouer les aiguillettes », c'est-à-dire les lacets qui retiennent les chausses masculines sur le ventre de façon à provoquer l'impuissance), ou encore l'envoûtement (on représente la victime sous la forme d'une figure de cire ou de glaise à laquelle on jette un sort). Il existe aussi des sorciers qui se livrent à l'invocation des démons, ceux que l'on nomme à la fin du Moyen Âge, aux XIVe et XVe siècles, les nigromanciens. Ils appartiennent, cependant, au monde des lettrés, leurs formules et leur savoir s'apprenant dans les livres dont la lecture et l'étude sont condamnées par l'Église. Il s'agit le plus souvent d'hommes, cibles privilégiées de la répression judiciaire avant le XVe siècle. Ainsi, le frère du roi de France Charles VI, Louis d'Orléans, fut-il accusé de pratiquer la magie et d'avoir contribué à empoisonner son frère, le roi sombrant dans la folie à partir de 1392. Nous sommes alors dans un contexte, entamé dès le début du XIVe siècle, qui voit les procès pour atteinte à la majesté divine se multiplier et les croyances et pra-

Le moine et la sorcière

En 1987, Suzanne Schiffman réalise son premier film intitulé *Le moine et la sorcière*. L'œuvre cinématographique se fonde sur le récit du frère dominicain Étienne de Bourbon qui, dans les années 1230, parcourt la région des Dombes afin d'y prêcher et de traquer l'hérésie. Étienne de Bourbon (v. 1190-1261) est assez mal connu des historiens, si ce n'est par son œuvre majeure – le *Traité des diverses matières à prêcher* – premier recueil d'*exempla** connu fondé sur sa propre expérience de prédicateur et d'inquisiteur. Son récit comprend, notamment, un épisode qu'il considère comme exemplaire de la traque de l'hérésie entendue au sens large comme toute pratique déviante inspirée par le diable : dans un village des Dombes, vers 1235, il est confronté à la vénération que les villageois vouent à saint Guinefort qui n'est autre qu'un chien auquel s'attache une légende. Le dominicain fera déterrer et disperser les os du chien afin que ce culte cesse.

Les partis pris de mise en scène – en décor naturel, dans un village de Corrèze –, la simplicité des décors et des costumes, l'opposition même dans le jeu des couleurs entre Étienne en habit de laine brute et l'église du village hautement colorée, privilégient le rendu du « choc culturel » que l'intrusion de ce jeune homme idéaliste et intransigeant va provoquer au sein de la société villageoise. Le scénario met en relief, en particulier, la confrontation entre Étienne et Elda, une guérisseuse qui vit dans la forêt, que l'inquisiteur a tôt fait d'accuser de sorcellerie. Le rôle du curé du village, autorité spirituelle bienveillante qui tente de dissuader Étienne d'aller trop loin dans sa volonté d'éradiquer l'hérésie, est également souligné grâce au formidable jeu des acteurs Jean Carmet (le curé) et Tchéky Karyo (Étienne de Bourbon). À partir du récit du frère, qui a un but didactique et de dénonciation de l'hérésie, le rendu cinématographique de l'épisode prend le parti de donner à voir la manière dont la dénonciation d'anciennes pratiques opérée par les clercs réformateurs au tournant des XIIe et XIIIe siècles a pu bouleverser les structures traditionnelles des sociétés villageoises et susciter l'incompréhension. Par la voie cinématographique, ce sont ici les conséquences sur la société de l'imposition des idéaux de la réforme de l'église qui sont montrées, un aspect qui est également au cœur des études historiques sur l'Inquisition depuis quelques années.

tiques considérées comme suspectes être assimilées de manière systématique à de la sorcellerie. Comment en est-on arrivé là ?

Les sorciers ne sont pas stigmatisés avant la fin du Moyen Âge. Il s'agit, en effet, de personnes connues de leurs communautés, même si perçues comme différentes, vivant souvent à l'écart, auxquelles la rumeur publique – la *fama* – attribue des pouvoirs particuliers. Leur réputation, et donc leur sécurité, repose d'ailleurs sur leur savoir-faire qui est très rarement remis en cause : le sorcier est, d'une certaine façon, intégré à sa communauté au sein de laquelle il a un rôle à jouer et des services monnayés à rendre. Son exclusion et sa mise à l'écart ne peuvent alors venir que d'une mauvaise pratique.

Or, on constate, à partir du XIVe siècle, un essor du nombre des dénonciations auprès des autorités judiciaires de personnes réputées comme sorcières. Le nombre des procès n'augmente cependant de façon significative qu'à partir de la fin du XVe siècle seulement. Le bas Moyen Âge va en effet réunir deux conditions favorables à la mise en place de la répression exercée contre les sorciers qui caractérisera toute l'époque moderne ensuite. D'une part, les autorités laïques princières et souveraines cherchent à asseoir leur pouvoir de justice en garantissant au mieux l'ordre public. Or le sorcier est avant tout coupable de créer un désordre social, de casser le cadre traditionnel du mariage, notamment, en provoquant avortements, impuissance, voire homicides. Dès lors, la puissance publique se doit d'intervenir, en réprimant toute source de désordre mais aussi toute action qui pourrait également entraîner la marginalisation sociale et économique de ceux qui y ont recours.

L'application de la peine capitale par le bûcher, dans les cas de sorcellerie, procède de l'idée selon laquelle le crime est impur et exige, de ce fait, la disparition totale du corps du condamné. Ainsi, tous ceux ayant péché contre Dieu – tels les hérétiques – ou contre les lois de la nature – les sodomites et criminels sexuels accusés d'inceste ou de bestialité – sont-ils passibles du bûcher. À partir de la fin du XIVe siècle, c'est également la peine qui attend les sorciers. L'exemple le plus célèbre ne concerne pourtant pas une sorcière véritable, mais une personne accusée d'avoir agi sous l'emprise du diable : il s'agit de Jeanne d'Arc, brûlée à Rouen en 1431, à l'issue d'un procès éminemment politique par lequel les répercussions de son action principale – le sacre* de Charles VII en juillet 1429 – devaient être discréditées. Le recours à un tribunal d'Inquisition* et l'accusation de sorcellerie furent ainsi un instrument politique entre les mains des Anglais pour arriver à leurs fins.

Car l'Église est la véritable responsable de la criminalisation des pratiques de sorcellerie, et ce dès le XIIIe siècle. Si dès le haut Moyen Âge, les clercs se méfient des illusions et fantasmes que peuvent provoquer les pratiques magiques et les condamnent, il faut cependant attendre la mise en place des tribunaux et de la procédure judiciaire de l'Inquisition, dans les années 1230, qui permet le recours à la torture pour faire avouer les criminels et découvrir la vérité, pour voir une assimilation progressive s'opérer dans le courant du bas Moyen Âge entre la sorcellerie et l'hérésie*. Rappelons, en effet, que l'Inquisition, mise en place par le pape Grégoire IX et confiée aux frères dominicains, n'a pas pour fonction, au XIIIe siècle, de pourchasser les sorciers mais principalement les hérétiques, même si le pape Alexandre IV a cédé aux inquisiteurs, en 1258, la connaissance des cas de sortilège au détriment des évêques dont c'était l'une des attributions judiciaires. Il faut voir derrière cette assimilation entre hérésie et sorcellerie l'obsession de la recherche du démon et de ses différentes manifestations, qui marque une méfiance de plus en plus grande de l'Église à l'égard de pratiques que les clercs ont tôt fait d'assimiler à la démonologie. Le climat spirituel évolue, également, par la suite ; les formes de la piété, en particulier féminine, s'intériorisent de plus en plus et le nombre des mystiques, à mi-chemin entre l'hérésie et la sainteté, se multiplie. Dès lors, l'Église traque avec plus de vigilance encore toute forme de déviance et toute trace supposée d'emprise du Malin. En 1430, le concile de Bâle dénonce ainsi officiellement – et les « invente » de la sorte – les crimes d'apostasie*, de pacte avec le diable et de sabbat, c'est-à-dire d'assemblée cérémonielle de culte rendu au démon. On assiste parfois à la tenue de procès collectifs spectaculaires. Ainsi, en 1459, des habitants de la ville d'Arras sont-ils accusés d'être des adeptes du sabbat ; jugés par l'Inquisition, ils seront brûlés par le bras séculier, en l'occurrence le duc de Bourgogne de l'autorité duquel dépend la ville. Au XVe siècle toujours, des textes sont produits pour guider les inquisiteurs dans leur tâche et leur permettre de démasquer les sorciers : ainsi en va-t-il des enquêtes du doyen du chapitre* de Cambrai, Gilles Carlier, expert auprès de l'évêque de la ville entre 1439 et 1479, et surtout du célèbre *Malleus Maleficarum* – le maillet des sorcières – véritable manuel de l'inquisiteur rédigé par deux professionnels en la matière, Henri Institutor et Jakob Sprenger en 1486-87.

On le voit, la « chasse aux sorcières » est bien loin d'être une réalité pleinement médiévale. Ce sont les évolutions subies tant par la société et le pouvoir politique, plus enclin au bas Moyen Âge à faire respecter l'ordre public, que par l'Église, sa volonté de contrôler plus étroitement les pratiques religieuses, ainsi que l'évolution des formes de la spiritualité qui ont conduit à la criminalisation de pratiques dont on s'accommodait jusque-là. Cependant, ce n'est qu'à la fin du XVe siècle que les éléments d'une répression massive seront mis en place.

Les pratiques des sorcières
Extrait d'un procès (1382)

En avril 1382, Jeannette Gaigne, une jeune femme de La Rochelle, reçoit une lettre de grâce de la part du roi Charles VI qui lui permet de voir les poursuites entamées contre elle s'éteindre. On apprend dans le document judiciaire qu'elle était accusée d'avoir tenté de supprimer son époux en ayant recours aux bons offices d'une sorcière – Jeanne La Sauverelle – rencontrée grâce à l'entremise d'une servante nommée Arsène.

« Jeanne, dite Sauverelle, il y a à peu près trois quarts d'année, a été prise par notre prévôt de La Rochelle, parce que l'on disait qu'elle pratiquait la sorcellerie, et pour cette raison elle a été exécutée et brûlée. [...] En période de carême, l'année précédente, une autre femme appelée Arsène était venue voir la Sauverelle et lui avait dit que ladite Jeannette, femme dudit capitaine, s'était plainte à elle du fait que son mari le Capitaine la faisait tant souffrir qu'elle ne pouvait plus rester avec lui et qu'elle voulait donner volontiers son argent à quelqu'un qui serait capable de le faire mourir. Et ladite Sauverelle avait répondu qu'elle lui apporterait une solution si elle la payait. Et ladite Arsène lui avait dit et promis qu'elle la ferait bien payer. Après cela, ladite Sauverelle avait fait acheter par Arsène un morceau de cire auquel elle donna la forme d'un homme et dont elles firent un envoûtement. Cet objet, ladite Arsène l'avait porté à l'hôtel du Capitaine. Et il fut placé sous son lit où il demeura pendant VII ou XV jours. Après, Jeannette, la femme du Capitaine, vint voir Arsène, et en la présence de Sauverelle, lui dit qu'elle avait perdu son argent, qu'elles devaient faire mourir ledit capitaine son mari, et qu'il se portait mieux qu'auparavant. Elle rappela à Arsène qu'elle lui avait donné II francs (d'or) et un anneau d'or pour cette raison. Après, Jeanne Sauverelle demanda à ladite Arsène qu'elle lui procure la chemise de ladite Jeannette, femme dudit Capitaine. Arsène la lui apporta dans sa maison, et elles la firent bouillir longuement dans l'eau, et l'eau dans laquelle elle avait bouilli, elles la firent boire audit Capitaine. De là, peu de temps après, Jeannette se plaignit de nouveau à Arsène et lui dit que son mari l'aimait plus et était en meilleure santé que dans le passé. Jeanne Sauverelle dit qu'elle avait entendu Arsène prononcer ces paroles : "Le grand diable s'en mêle ! Ce Capitaine ne peut pas mourir. Sa femme m'a dit qu'elle lui avait donné du réalgar (de l'arsenic) et du verre moulu, et il ne peut pas mourir !" En outre, ladite Jeanne Sauverelle confessa qu'elle n'avait pas employé tous les mystères nécessaires pour faire mourir ledit Capitaine, que si on l'avait bien payée, elle l'aurait fait mourir, mais elle ne voulait point avoir le péché de sa mort et que d'autres en tirent profit. »

LE TEMPS OÙ L'ÉGLISE ÉTAIT TOUTE-PUISSANTE

La dénonciation des pratiques païennes au VIIIe siècle

Canons du concile de Leptines (Gaule du nord, 743, extraits)

Liste des superstitions et des pratiques païennes condamnées par le concile :

1) Des sacrilèges sur les défunts,

2) Des obscénités en février (excès d'activité sexuelle),

3) Des petites maisons (petits temples élevés pour la vénération d'une divinité champêtre),

4) Des cérémonies dans les bois,

5) De ce qu'ils font sur les pierres (offrandes et repas sur les tombes),

6) Des cérémonies à Mercure ou Jupiter,

7) Des augures prononcés à partir des excréments des oiseaux, des chevaux, des bœufs et des éternuements,

8) Du feu de bois (le feu de la Saint Jean en juin),

9) Des invocations à la nouvelle lune,

10) De la course païenne qu'ils nomment Ysias avec des vêtements et des chaussures en loques,

11) Des idoles qu'ils portent à travers champs,

12) De ce qu'ils croient que la lune agit sur les femmes et qu'elles peuvent emporter ainsi le cœur des hommes.

« On était obligé de croire en Dieu. »

Dieu existe-t-il ? On dirait bien que non.

Saint Thomas d'Aquin, *Somme de théologie*, 1270

En 1942, l'historien moderniste Lucien Febvre publiait un ouvrage qui allait révolutionner la manière d'appréhender l'histoire des croyances et des modes de pensée des époques anciennes. Le livre, intitulé *Le Problème de l'incroyance au XVIe siècle. La religion de Rabelais*, s'interrogeait sur les idées défendues par Rabelais ayant conduit à le soupçonner d'athéisme et d'antichristianisme. L'historien démontait le « procès » Rabelais, dans un premier temps, par l'analyse minutieuse des témoignages des contemporains, puis par une attention précise portée aux propos mêmes tenus par les personnages sortis de l'imagination de l'écrivain, Pantagruel et Gargantua. Il démontrait ainsi que les mentalités de l'époque de la Renaissance, la vie quotidienne, « l'outillage mental » des hommes de ce temps ne pouvaient avoir permis l'émergence d'une pensée athée. On pouvait très bien, à l'image de Rabelais lui-même, être critique vis-à-vis des pratiques et rituels de l'Église sans pour autant cesser de se sentir, se dire, se croire et être chrétien. Cette analyse magistrale et tout en nuances de l'impossibilité de ne pas croire au divin au XVIe siècle vaut sans aucune restriction pour le Moyen Âge aussi. À bien des égards, comme son homologue de la Renaissance, l'homme médiéval ne peut concevoir l'idée même de ne pas croire. Ce contre quoi s'oppose l'Église médiévale, de manière très explicite à partir du Moyen Âge central, n'est pas l'incroyance mais les croyances considérées comme déviantes du dogme – les hérésies* – et les « sortilèges » c'est-à-dire ce que nous appellerions aujourd'hui les superstitions.

Car la société médiévale fonctionne sur le principe selon lequel chaque individu, à l'intérieur du groupe auquel il appartient, doit agir pour honorer Dieu et assurer son salut. C'est le cas dès le IVe siècle, lorsque l'empereur Constantin reconnut le christianisme comme religion autorisée dans l'Empire romain. Le Moyen Âge n'est donc pas le temps de la libre pensée, car ce serait se placer hors de la société et de ses cadres, ni même de la liberté religieuse, car ce serait aller contre la nécessité politique et idéologique de l'unicité de la foi, prônée tant par les pouvoirs religieux que laïques.

Le contenu de la croyance officielle chrétienne a été établi dès 325, au cours du premier concile de Nicée qui établit le dogme de la Sainte Trinité (Dieu est unique en trois entités : le Père, le Fils et l'Esprit-Saint) et dénonce comme hérétiques (au sens littéral du terme, ce qui dévie de la foi « droite » – l'orthodoxie* –, établie par le concile) les croyances non conformes au dogme susdit. Les premières hérésies ont trait essentiellement à la nature du Christ qui peut être donnée comme simplement humaine ou simplement divine. L'arianisme, condamné comme hérésie au concile de Nicée en 325, concilie les deux approches en accordant à Jésus une part de divin ; cette doctrine sera suivie par les peuples germaniques convertis au christianisme à partir du milieu du IVe siècle dans la région du Danube – Wisigoths, Vandales. Ces mesures seront, par la suite, reprises et amplifiées par les sept autres conciles œcuméniques (ce sont des assemblées qui concernent l'ensemble des évêques de la chrétienté et qui ont pour objet de fixer le dogme) tenus durant le haut Moyen Âge. À partir du XIIe siècle, pour l'Occident, c'est le pape – chef de l'Église catholique, c'est-à-dire « universelle » – qui fixe le dogme en réunissant les évêques occidentaux à la basilique du Latran située dans la ville de Rome.

Très vite, l'orthodoxie chrétienne a servi de fondement à l'élaboration de l'idéologie souveraine. La conversion au catholicisme des souverains des royaumes germaniques instaurés après la disparition de l'Empire romain d'Occident, en 476, conduit, en effet, dès le VIIe siècle chez les Wisigoths de la péninsule Ibérique, par exemple, à l'apparition d'une cérémonie particulière – le sacre* – par laquelle le roi est oint d'une huile bénie qui lui confère un supplément d'autorité en ce sens que l'onction crée un lien direct avec Dieu et assimile la personne ainsi distinguée aux rois-prêtres de l'ancien Israël. Pour les Francs, c'est en 751 que cette onction sera réalisée pour la première fois, sur la personne du père de Charlemagne, Pépin le Bref. Dès lors, la mission du souverain va être conçue en accord avec l'Église et dans un objectif eschatologique* : le souverain carolingien considère, ainsi, qu'il a le devoir de conduire son peuple vers le salut, ce qui lui confère autorité en matière de foi et de réforme de l'Église.

La conversion des souverains germaniques n'a sans doute pas entraîné, de manière automatique, celle des peuples qu'ils gouvernaient. Dès le Ve siècle, les évêques s'insurgent contre la persistance de cultes païens dans les campagnes ; tout au long du Moyen Âge, ces pratiques que l'Église qualifie de superstitieuses et hérétiques seront régulièrement dénoncées. On peut noter une évolution en ce domaine, d'ailleurs, au tournant des XIIe et XIIIe siècles. Sous l'effet conjugué d'une part de la réforme de l'Église, qui vise à moraliser les mœurs du clergé mais aussi à contrôler plus étroitement les croyances et les consciences, et d'autre part d'une certaine moralisation de l'ordre politique, très perceptible en France par exemple, sous le règne de Louis IX (1226-1270), la dénonciation se fait plus générale ; elle vise essentiellement, par le biais des sermons prononcés par les frères mendiants notamment – qui usent d'*exempla**, c'est-à-dire de petites histoires destinées à frapper l'imagination et à inciter au changement de comportement –, à faire prendre conscience de l'état de péché et des multiples ruses dont le diable use afin d'arriver à ses fins. Par ailleurs, à partir du XIIIe siècle, la démonologie – la science du démon – fait son apparition au moins en ce qu'elle est condamnée par l'Église ; l'hérésie devient alors un crime de lèse-majesté contre lequel bras séculier et glaive spirituel s'allient. L'hérésie, la « superstition » dénoncées prennent dès lors le tour de pratiques magiques, de sorcellerie et sont du ressort des tribunaux d'Inquisition*.

Au cours du Moyen Âge, on assiste par ailleurs de plus en plus à une volonté d'intérioriser sa foi qui conduit à une évolution des mentalités religieuses : il s'agit, à l'instar des ordres religieux réformateurs du XIIe siècle, puis des frères mendiants au XIIIe siècle, de rechercher le « dialogue intérieur avec le Christ », d'imiter autant que faire se peut la vie apostolique pour approcher, au plus près, la souffrance du Fils de Dieu et cette forme d'amour du prochain – la *caritas* – qui est censée avoir été au fondement même de sa mort sur la croix. Ainsi se multiplient les confréries de pénitents, de flagellants, les groupes mystiques aussi, tels les béguins*, ainsi que toutes les formes de vie religieuse permettant une mise en pratique de cette aspiration à l'ascèse et au rapprochement privé avec la divinité. On peut donc vivre de manière intense sa foi, en restant dans le siècle, croire mais de manière plus impliquée et moins dépendante des institutions de l'Église.

Ces tendances ont, de ce fait, pu être dénoncées comme hérétiques par l'Église, pour laquelle la frontière entre hérésie et mysticisme se révèle souvent très ténue. Car si le dogme est établi dès le début du IVe siècle, la difficulté de sa compréhension entraîne bien vite des croyances différentes, ce que les historiens préfèrent nommer aujourd'hui des « dissidences » religieuses plutôt que des hérésies afin d'éviter l'écueil du jugement de valeur. La question, en particulier, de la nature du Fils, à la fois humaine et divine, se révèle particulièrement difficile à assimiler. Les premières « hérésies » portent donc sur ce point, en faisant du Christ tantôt un être humain et tantôt une divinité, sans lui reconnaître cette double nature. Plus tard, à l'époque carolingienne, d'autres croyances se font jour ou ressurgissent, notamment celle consistant à prétendre que le Fils a été « adopté » par Dieu – c'est l'adoptianisme. Cette hérésie, qui se développe dans le nord de la péninsule ibérique, est condamnée au concile de Francfort en 774. Autour de l'an Mil, les hérésies changent quelque peu de nature : il ne s'agit plus de s'interroger sur la nature du Christ, mais de remettre en cause l'attitude des clercs, voire la valeur des sacrements dans l'obtention du salut. C'est dès lors l'idéal apostolique qui est au cœur de la dissidence et la revendication d'une spiritualité de type ascétique y compris par les laïcs. C'est ainsi, en prêchant la pauvreté, que Pierre Valdès fait des disciples bientôt désignés par le terme « Vaudois », et c'est encore le principe ascétique de la pauvreté et le rejet du monde matériel que l'on retrouve aux origines du mouvement cathare. Les tribunaux de l'Inquisition, mis en place spécialement pour dénoncer et pourchasser les hérétiques à partir de 1233, vont mettre au point un questionnaire précis afin de faire avouer leurs erreurs aux suspects et leur faire admettre la « vérité » établie. Soulignons que, contrairement à une idée largement répandue, l'objectif des inquisiteurs réside bien dans la volonté de faire triompher la vérité et non dans l'accumulation des condamnations et des exécutions : à partir du milieu du XIIIe siècle, la peine la plus courante devient l'emprisonnement et non le bûcher.

Cependant, être condamné pour hérésie ne veut pas dire que l'on ne croit pas. Qu'en est-il alors de l'athéisme ? A-t-il été dénoncé comme tel au Moyen Âge ? Certains maîtres de la faculté des arts de Paris furent, effectivement, condamnés au XIIIe siècle pour cette raison. Dès le début du XIIe siècle, certains penseurs s'interrogent sur les voies possibles d'une conciliation entre la foi et la raison. C'est le cas, notamment, du maître parisien Pierre Abélard. Auparavant, certains théologiens monastiques, comme saint Anselme, avaient fait porter leurs interrogations sur la raison de l'incarnation du Christ. Anselme d'Aoste (1033-1109), abbé du Bec puis archevêque de Cantorbéry, est également le premier théologien à avoir eu le projet de prouver l'existence de Dieu par l'usage de la logique. Dans son *Proslogion*, il fait reposer son argumentation sur la déduction pure.

Mais la grande affaire va être, au XIIIe siècle, l'application au domaine de la théologie des principes logiques et l'utilisation des instruments de la scolastique – c'est-à-dire l'art du raisonnement qui est à la base de toute science au Moyen Âge – appliqués à la connaissance de Dieu.

Tout commence dans la péninsule Ibérique, au milieu du XIIe siècle. À Cordoue, vit en effet un lettré, juriste et médecin musulman, nommé Ibn Rushd – celui que les Occidentaux vont appeler Averroès. Ce dernier va traduire et commenter plusieurs ouvrages d'Aristote, dont la *Physique* et le *Traité du ciel*, livres dans lesquels certaines idées – telle l'éternité du monde – peuvent aller à l'encontre du dogme et nier le principe de la Création. Il s'interroge également, dans son *Discours décisif* notamment, sur le statut de la philosophie et sur l'usage de la raison dans la compréhension du message coranique. Or, selon Averroès, le Coran, s'il ne contient qu'une seule vérité, se révèle cependant différemment selon les personnes et commande, à ceux qui en sont capables, d'accéder à la connaissance de Dieu par l'outil intellectuel.

La réception des œuvres d'Averroès en Occident provoqua une grave crise au sein de l'université de Paris au milieu du XIIIe siècle. Certains maîtres de la faculté des arts libéraux* furent accusés d'hérésie et d'athéisme, en ce sens qu'on les tenait pour partisans d'une double vérité – la vérité révélée et la vérité démontrée par la raison, qu'ils auraient considérée comme supérieure – qui aurait ruiné, par la philosophie, le dogme.

Dans les années 1270, l'Église trouva néanmoins la parade en la personne du dominicain Thomas d'Aquin. Dans sa *Somme de théologie*, conçue comme un manuel pratique et exhaustif destiné tant aux maîtres qu'aux étudiants de théologie, Thomas d'Aquin procède par questions résolues par le raisonnement (c'est le principe de la *disputatio*, exercice scolastique par excellence). La première partie est consacrée à Dieu, envisagé comme le principe dont toute chose procède. On trouve ainsi abordée cette question – Dieu existe-t-il ? – qui, sous la plume de Thomas d'Aquin, n'en est pas vraiment une. Il s'agit, pour lui, de démontrer par le raisonnement la nécessité de l'existence de Dieu en utilisant les outils logiques.

Il est une autre figure représentative de « l'athéisme » médiéval, ou tout au moins accusée d'hérésie par l'Église à plusieurs reprises : il s'agit de l'empereur du Saint-Empire romain germanique

Frédéric II (1194-1250). Ce dernier, d'une culture et d'une curiosité intellectuelle cosmopolites, fut, entre autres, accusé d'être l'auteur d'un libelle intitulé *Les Trois Imposteurs : Moïse, Jésus et Mahomet*, dans lequel il se serait élevé contre les fausses croyances répandues par ces trois personnages. Derrière les condamnations et excommunications répétées prononcées contre l'empereur, il faut voir, en fait, l'incompréhension de l'Église vis-à-vis tant de l'attitude de ce personnage, qui préféra négocier avec les musulmans lors de la Croisade de 1229, et reprendre la ville de Jérusalem sans coup férir, que de sa curiosité intellectuelle pour la science. Ainsi, en 1229, adressa-t-il au sultan d'Égypte puis au gouverneur de Ceuta une série de questions, les Questions siciliennes, portant sur les sciences et la philosophie d'Aristote, parmi lesquelles on trouvait une question sur l'immortalité de l'âme. Pour autant, Frédéric II ne fut pas plus tolérant qu'un autre vis-à-vis des religions non chrétiennes, une attitude de toute façon anachronique pour la plupart des hommes du Moyen Âge. Si le philosophe et historien Roger Arnaldez, dans un ouvrage paru en 1993 – *À la croisée des trois monothéismes. Une communauté de pensée au Moyen Âge* – a bien mis l'accent sur le phénomène intellectuel d'échanges d'idées qui a pu avoir lieu entre penseurs chrétiens, juifs et musulmans du Moyen Âge, ce trait ne peut être généralisé en une attitude de tolérance qui aurait animé les puissances politiques médiévales.

Car la tolérance religieuse que l'on aurait pu rencontrer dans certaines régions des rives nord de la Méditerranée au Moyen Âge, telles la Sicile ou la péninsule Ibérique, reste limitée. Dans le monde musulman médiéval, comme chez les chrétiens, les minorités religieuses sont soumises à l'autorité juridique du prince : chrétiens et juifs possèdent le statut

La vénération de la tombe de saint Guinefort telle qu'elle est rapportée par le dominicain Étienne de Bourbon dans les années 1230 dans la région des Dombes

La légende de saint Guinefort le donne pour le lévrier d'un châtelain qui, ayant quitté sa demeure en laissant son enfant au berceau, le retrouve vide et renversé, son chien se tenant à côté couvert de sang. Pensant que le chien a dévoré l'enfant, le châtelain le fait mettre à mort avant de s'apercevoir que le lévrier a, en fait, été mordu par un serpent des attaques duquel il a tenté de défendre le bébé. Comprenant son erreur, le châtelain fait enterrer le chien Guinefort sous un tertre qui devient l'objet du culte des villageois. Saint Guinefort est dès lors considéré comme le protecteur de la petite enfance.

« Un très grand nombre de femmes, qui avaient des enfants infirmes et malades, les portaient en ce lieu et appelaient en un certain château une sorcière qui leur enseignait le rite d'action, l'offrande et l'invocation aux démons et qui les amenait au lieu. Lorsqu'elles y étaient arrivées, elles offraient du sel et quelques autres choses ; elles suspendaient les petits habits de l'enfant aux branches voisines, plantaient un clou dans les arbres qui poussaient en ce lieu ; puis elles introduisaient l'enfant nu par l'ouverture entre deux troncs d'arbres, la mère se tenant d'un côté, portant l'enfant et le jetant neuf fois à la sorcière qui était de l'autre côté, suppliant, avec une invocation démoniaque, les faunes qu'ils acceptent l'enfant malade et faible, qu'elles disaient leur, et lui rendent le leur gros et gras, vif et sain. Cela fait, elles recevaient l'enfant, et, au pied de l'arbre, elles le posaient nu sur la couche formée par ses vêtements, et plaçaient de chaque côté de sa tête deux chandelles qu'elles fixaient au tronc du dessus. »

de *dhimmis* (les « protégés ») dans le monde musulman, juifs et musulmans forment des *aljamas* – communautés juridiquement reconnues – dans les royaumes de la péninsule Ibérique à partir du XIIe siècle. Ces deux types de statut impliquent la possibilité de continuer à pratiquer sa religion et le droit de s'administrer de façon autonome, sous la protection accordée par le prince, ce qui peut justifier la levée de taxes spéciales, en contrepartie de l'interdiction de tout prosélytisme. Il n'y a là cependant aucune idée de tolérance, qui reposerait sur des considérations morales ou philosophiques bien anachroniques pour le Moyen Âge et une grande partie de l'époque moderne (l'Édit de Nantes – qui reconnaissait en 1598 la liberté de culte aux Protestants du royaume de France – n'a rien, non plus, de « tolérant » au sens de reconnaissance), mais un simple aménagement des conditions de vie de populations, par ailleurs considérées et traitées comme des minorités.

« L'Église était très riche. »

Notre institution et notre ordre excluent les églises, les autels, les sépultures, les dîmes du labour […] les revenus des fours et des moulins, et les autres choses semblables contraires à la pureté monastique.

Statuts de l'ordre cistercien, 1134

La richesse immense de l'Église médiévale est une image très répandue dans l'imaginaire collectif ; lors de la Révolution française, les biens des ecclésiastiques furent d'ailleurs confisqués et nationalisés en vertu de cette idée. Cette richesse, d'un point de vue pragmatique, provient du succès rencontré auprès de la population par les différents ordres religieux apparus tout au long du Moyen Âge. C'est par le biais des donations pieuses, en effet, considérées comme une forme possible de rémission des péchés, que se sont constitués les temporels* des établissements ecclésiastiques. Ce mouvement de donations concerne tous les ordres religieux et représente l'une des raisons de la disparition progressive des alleux* paysans notamment, c'est-à-dire des terres qui étaient détenues en pleine propriété sans être intégrées dans le système seigneurial ni devoir, en conséquence, de taxe. Georges Duby pour la région de Mâcon, ou encore Pierre Bonnassie pour la Catalogne, ont pu montrer combien le mouvement des donations pieuses avait pu affecter la structure de la propriété foncière à partir du Xe siècle, en faisant passer progressivement les terres paysannes sous le contrôle de la seigneurie. En Italie, les cartulaires (recueils de copies de chartes) des grands monastères bénédictins montrent le même phénomène à l'œuvre dès le VIIIe siècle par le biais de l'usage de la précaire*.

Pourquoi donnait-on ses biens immobiliers à l'Église ? Il faut se tourner, pour répondre à cette question, vers l'histoire des mentalités et considérer l'organisation des structures familiales. La médiéviste américaine Barbara Rosenwein, spécialiste d'anthropologie historique, a ainsi pu mettre au jour les mécanismes mentaux à l'œuvre dans l'acte de donation, en se fondant sur les sources relatives au grand monastère bourguignon de Cluny, fondé en 909. Sur la base des mouvements d'échange qui régissent les sociétés anciennes, notamment le principe du don qui doit être compensé par un contre-don pour rétablir l'équilibre dans la relation, elle démontre que la donation à Cluny, lorsqu'elle concerne une famille aristocratique, permet d'inclure le monastère dans le champ des relations d'amitié et de fidélité, nécessaires au maintien du tissu social et dont on attend, en retour, protection et faveur. Saint Pierre, sous le patronage duquel était placée l'abbaye, est considéré comme le prince des Apôtres, celui-là même auquel le Christ confia la mission de fonder l'Église, donc un intercesseur de grande qualité auprès de la divinité. Elle souligne, en outre, que les puissants bienfaiteurs du monastère bénédictin avaient tous un lien de parenté plus ou moins proche avec un membre de l'ordre : ainsi, donner au monastère revenait à donner à un membre de sa famille, renforçant par-là les structures de parenté. En contre-partie, les donateurs attendaient non seulement des bienfaits spirituels, par la prière des moines, mais aussi de pouvoir profiter d'avantages matériels retirés du voisinage de l'abbaye. Pour Barbara Rosenwein, les échanges enregistrés dans les chartes clunisiennes revêtent une fonction sociale, celle de permettre au groupe des dominants, qu'ils soient clercs ou laïcs, de jouir solidairement de la domination et de l'établir fermement.

Les terres données, ou acquises par achat par les établissements ecclésiastiques, sont généralement mises en valeur par le système de la seigneurie : une partie est confiée à des salariés, domestiques employés à l'année ou saisonniers, cependant qu'une autre est baillée en location à des tenanciers contre le paiement de redevances locatives, en sus de la dîme* instaurée à l'époque carolingienne, principale source de revenus des desservants des paroisses. Il existe donc des seigneurs ecclésiastiques, individuels (évêque, abbé) ou collectifs (chapitre* cathédral, communauté monastique, etc.) dont les méthodes de gestion et les rapports avec le monde paysan sont strictement identiques à ceux des seigneurs laïques. De ce point de vue, il n'y a bien qu'un seul monde seigneurial au mode de vie et aux mentalités communs. Cependant, dès le XIIe siècle, dans le contexte de la réforme de l'Église dite réforme « grégorienne », la seigneurie exercée par un ecclésiastique sera donnée comme plus juste et plus équitable, au nom des principes chrétiens portés par les clercs. Ainsi, les premières chartes d'affranchissement* des communautés rurales du bassin parisien sont-elles accordées au XIIIe siècle par des seigneurs ecclésiastiques, bientôt imités par le roi capétien Louis IX.

Le succès des donations pieuses a pu entraîner certains ordres religieux à dévier de leur vocation primitive : tous les moines bénédictins prononcent, en effet, des vœux dont celui de pauvreté personnelle, qui peut être entendu, également, comme un vœu applicable à la communauté monastique entière. C'est le cas, notamment, des moines cisterciens dont l'idéal, exposé dans les statuts de 1134, repose sur un retour à la vie apostolique et le refus du système de la seigneurie. L'ordre fondé par Robert de Molesme à la fin du XIe siècle est très caractéristique du mouvement de réforme du monachisme qui représente l'un des volets de la réforme grégorienne. Il se veut être une réaction face au faste développé par Cluny auquel il s'oppose frontalement. Ainsi les moines cisterciens prônent-ils l'ascèse et le dépouillement, aussi bien dans leur mode de vie que dans l'architecture de leurs églises. Pour vivre, les cisterciens doivent se contenter du travail de leurs mains et de la mise en valeur, par une catégorie particulière de frères que l'on nomme les frères convers*, des terres qu'on leur a cédées. Pour accomplir cet idéal qui touche également à une forme d'expérience mystique ascétique, les cisterciens s'installent « au désert », c'est-à-dire loin de tout lieu habité. La pauvreté cistercienne s'entend de manière extrêmement rigoureuse au départ : il s'agit d'une ascèse physique – les moines doivent se vêtir d'une tunique de laine grossière et non teinte, et limiter strictement leur nourriture – et morale, fondée sur la notion d'obéissance. Ainsi, les moines, en rompant avec les habitudes et le mode de vie de l'aristocratie dont ils sont issus, pourront accomplir pleinement leur vocation. Pourtant, cet idéal devient bien vite impossible à tenir : en préférant, en effet, le faire-valoir direct (c'est-à-dire le refus de louer les terres aux paysans, ce qui est la base du système seigneurial), en s'installant dans des régions qu'il faut défricher pour les mettre en valeur, en achetant de nombreuses terres pour agrandir leurs domaines et les rendre plus cohérents, les cisterciens se sont retrouvés à la tête d'entreprises agricoles performantes. Les établissements cisterciens du sud-est de l'Angleterre, par exemple, fournissent dès le XIIIe siècle de grandes quantités de laine, un produit qui devient le fondement du commerce anglais dès cette époque.

La question de la pauvreté au sein de l'Église rebondit, au XIIIe siècle, avec l'apparition d'un nouveau type de religieux : les frères mendiants. Ces derniers, qui ne sont pas des moines car ils ne respectent pas le vœu de clôture, ont pour vocation de transmettre le message évangélique en fondant leur crédibilité sur l'exemple. Ils observent donc une pauvreté de type ascétique et prêchent la bonne parole de manière itinérante, à l'image de la prédication apostolique. C'est au sein de l'ordre des franciscains, créé au début du XIIIe siècle par saint François d'Assise, que l'idéal de pauvreté va être le plus âprement débattu. Le saint souhaitait, en effet, que ses frères observent une pauvreté absolue, c'est-à-dire aussi bien individuelle que collective. Cet idéal fut poursuivi par une partie des franciscains seulement, après la mort de saint François en 1226, formant le courant dit des Spirituels et rassemblés notamment autour de la figure du catalan Pierre de Jean Olivi. Cependant les formes extrêmes d'ascèse, pouvant conduire au mysticisme et à l'hérésie*, furent bientôt condamnées par l'Église, notamment au concile de Lyon II en 1274. Ainsi les Spirituels durent-ils renoncer à leur idéal en 1317, le pape Jean XXII estimant que la pauvreté ne pourrait s'appliquer qu'aux individus et non aux établissements de manière collective. La plupart des Spirituels furent alors arrêtés et traduits devant les tribunaux d'Inquisition*. Une partie d'entre eux seront brûlés, à Marseille et en Catalogne, entre 1318 et 1320.

La situation moralement délicate dans laquelle se trouvent les établissements ecclésiastiques, versés dans l'idéal de pauvreté mais à la tête de richesses indéniables, traduit bien les ambiguïtés que l'Église peut entretenir avec l'argent. Cette dernière condamne, en effet, théoriquement toute forme d'enrichissement qui ne serait pas due à un travail effectif. Cela concerne notamment toutes les formes de prêts, au fondement pourtant de la constitution d'un capital pour toute entreprise marchande, que l'Église assimile à de l'usure en raison de l'intérêt escompté. Cette condamnation vise en particulier le monde des marchands qui pratiquent le commerce au long cours, assimilables à de véritables hommes d'affaires. Le Décret de Gratien, somme de droit canon réalisée à Bologne dans les années 1140, contient une célèbre maxime qui résume bien la situation : il y est affirmé que le marchand ne peut pas plaire à Dieu ! Cependant, dès la fin du XIIIe siècle, l'Église finit par reconnaître l'utilité sociale du marchand-usurier et prend en compte les risques réels de cette profession. En outre, la papauté, comme tout autre puissant à l'époque, ne peut se passer d'entretenir des relations étroites avec les hommes d'affaires italiens, notamment, un milieu social qui fournit également nombre de frères mendiants, voire même un pape, Innocent IV, issu de la famille génoise des Fieschi.

La richesse de l'Église provient, donc, essentiellement de l'institution elle-même : les bâtiments construits à la gloire de Dieu sont souvent, pour cette raison même, somptueux et nécessitent des mises de fonds très importantes, ce qui place les clercs dans une position délicate. En outre, la cour pontificale, à Rome ou en Avignon (entre 1307 et 1377, puis dans le contexte du grand schisme de 1378 à 1418), déploie un faste digne des plus grandes cours souveraines car elle fonctionne sur les mêmes principes : il s'agit d'un lieu de pouvoir (le pape est, à partir du XIIIe siècle, un monarque véritable) impliquant services et fonctionnaires, régi par les mêmes codes de comportement et correspondant à un très grand marché de consommation.

L'église de Cluny reconstituée virtuellement

La reconstitution virtuelle, en 2009, de l'église abbatiale de Cluny par une équipe interdisciplinaire du CNRS est très caractéristique de la manière actuelle de croiser les méthodes et les préoccupations scientifiques des historiens, historiens de l'art et archéologues avec les possibilités offertes par les nouvelles technologies. La troisième église édifiée sur le site de Cluny fut la plus grande et la plus riche abbatiale de l'Occident durant les XIe et XIIe siècles.

Sa construction, commencée à la fin du XIe siècle, s'acheva au milieu du XIIIe siècle. Elle fut presque entièrement détruite lors de la Révolution française, prise comme symbole d'un ordre ancien honni. Le programme de reconstitution virtuelle de cette église répondit d'abord à une nécessité, que connaissent bien d'autres sites archéologiques patrimoniaux de par le monde, celle de préserver, voire restaurer, un lieu très fréquenté par les touristes. Mais il s'agissait aussi d'intégrer les découvertes archéologiques récentes afin de faciliter l'interprétation du site et d'en offrir une reconstitution la plus fidèle possible à l'original.

« Le Moyen Âge est le temps des Croisades. »

Il est clair que l'Orient arabe voit toujours en l'Occident un ennemi naturel […]. Et l'on ne peut douter que la cassure entre ces deux mondes date des Croisades, ressenties par les Arabes, aujourd'hui encore, comme un viol.

Amin Maalouf, *Les Croisades vues par les Arabes*, 1992

La Croisade, version armée et agressive du pèlerinage, se définit, au Moyen Âge, comme une guerre menée contre les ennemis intérieurs ou extérieurs de la chrétienté, pour la reconquête de terres autrefois chrétiennes (c'est la justification idéologique utilisée dans la péninsule Ibérique, entre le milieu du XIe siècle et 1493, qualifiée de « Reconquête » qui voit la reprise progressive par les chrétiens des terres sous domination musulmane) ou pour la défense de l'Église. Les « ennemis » peuvent, dès lors, être musulmans, mais aussi païens (c'est le cas des populations slaves et baltes), hérétiques ou encore peuvent représenter un danger politique pour la papauté.

Cependant, dans l'imaginaire collectif, ce sont les Croisades orientales qui s'identifient le plus à cette forme de conquête. Entre 1095 et 1291, vont en effet se succéder huit Croisades ayant pour objectif principal la Terre sainte et le saint sépulcre à Jérusalem puis les terres musulmanes de la Méditerranée orientale. Partie intégrante de l'Empire byzantin (ou chrétien d'Orient), la Palestine, au sens géographique du terme, est effectivement conquise par les musulmans et rattachée au califat de Bagdad au début du VIIe siècle.

À l'issue de la première Croisade (1095-1099) quatre nouveaux États apparaissent en Orient, fondés par les croisés, dont le plus important et prestigieux est le royaume de Jérusalem. La quatrième Croisade (1202-1204), détournée sur Constantinople par l'incapacité devant laquelle se trouvent les croisés de payer leur passage en Palestine aux Vénitiens, marque également un bouleversement dans l'ordre géopolitique et dans les mentalités en Méditerranée orientale : le sac de la ville de Constantinople perpétré par les croisés, en avril 1204, fonde durablement une rupture entre les Byzantins et les chrétiens occidentaux.

Le terme « croisade » vient du latin médiéval *cruce signatus* – « marqué par la croix » – en raison de l'image que portent ceux qui y participent sur leur vêtement. Le mot « croisade » est cependant inconnu des chroniqueurs médiévaux qui lui préfèrent l'expression « passage » pour désigner le pèlerinage armé vers la Terre sainte. Ce signe indique que le croisé accomplit, avant tout, un pèlerinage, mais d'un genre particulier : il répond à l'appel lancé par le pape, indispensable au caractère même de la Croisade, et qui permet d'obtenir le rachat de ses péchés par le système des indulgences. La procédure de la croisade est ainsi fixée très tôt : elle doit répondre à une initiative du pape dont le légat (représentant) fera partie des chefs de l'expédition, on s'engage à y participer par un vœu prononcé qui vaut serment, on coud une croix sur son vêtement et sur sa bannière, on escompte obtenir par là le pardon de ses péchés (indulgences), on bénéficie enfin durant le temps de la croisade d'un certain nombre de privilèges personnels, tels la protection des biens et des personnes ou la remise des procès.

La destination du voyage, Jérusalem (sauf pour la quatrième, la cinquième et la septième Croisade) représente l'un des principaux lieux saints de la chrétienté et se trouve très prisé par les Occidentaux depuis le haut Moyen Âge. Cependant, les crises politiques qui s'ouvrent respectivement dans le monde musulman (fondation du califat Fatimide au Caire à la fin du Xᵉ siècle, qui entre très vite en opposition avec celui abbasside de Bagdad, et de l'Empire turc Seldjouquide au milieu du siècle suivant) et byzantin (la montée sur le trône de l'empereur Alexis Comnène, en 1081, met fin à une crise de succession) vont entraîner l'appel à l'aide des chrétiens orientaux à ceux que l'on nommera désormais en Orient les « Francs », c'est-à-dire les croisés. C'est en effet à la suite de la réception d'une ambassade byzantine, venue lui narrer les exactions commises par les Turcs et appeler les chrétiens à venir délivrer Jérusalem, que le pape Urbain II prononce son appel à la croisade, le dernier jour du concile tenu à Clermont le 27 novembre 1095.

Car la Croisade est aussi une véritable guerre dont les soldats se recrutent avant tout auprès d'un groupe social en pleine expansion en Occident au XIᵉ siècle, formé par les guerriers, que l'on nomme les milites, constituant le deuxième ordre de la société après le clergé. Le discours d'Urbain II s'adresse en effet en priorité aux chevaliers parmi lesquels le pèlerinage à Jérusalem est très prisé depuis le Xᵉ siècle. Ainsi, l'une des figures les plus représentative de ce monde des guerriers occidentaux, le comte d'Anjou Foulques Nerra, a-t-il effectué trois fois ce pèlerinage entre 1002 et 1039. Mais c'est l'ensemble de la classe chevaleresque, pas seulement les princes et les souverains, qui est concernée par la croisade grâce au jeu des alliances féodales qui voit les seigneurs partir à la tête de leurs troupes de vassaux. Au-delà, tous les chroniqueurs s'accordent pour considérer que l'appel de

1095 fut un succès, la croisade entraîna dans son sillage des dizaines de milliers d'hommes et de femmes. Écoutons ainsi les propos de Robert le Moine, chroniqueur occidental de la première croisade : « Oh combien d'hommes divers d'âge, de puissance et de fortune domestique, prirent la croix et s'engagèrent au voyage du Saint Sépulcre ! [...] Cela plut à tous et plus de trois cent mille personnes conçurent la résolution de prendre cette route et se préparèrent à accomplir leur vœu selon les facultés que le Seigneur avait données à chacun. » à ces propos, font écho ceux d'Anne Comnène, fille de l'empereur byzantin Alexis Ier et auteur d'une biographie de son père intitulée l'Alexiade. On peut y lire notamment : « C'était l'Occident tout entier, tout ce qu'il y a de nations barbares [...], c'était tout cela qui émigrait en masse, cheminait familles entières et marchait sur l'Asie en traversant l'Europe d'un bout à l'autre. » La troupe que forment les croisés à l'été 1096 est, on le comprend, fort disparate. Car un nombre important de non *milites*, bien que difficilement chiffrable, a pris à son tour le chemin de Jérusalem, au printemps 1096, en traversant à pieds l'Europe centrale. À leur tête se trouve un personnage dont on sait peu de chose – Pierre l'Ermite –, un prédicateur ayant peut-être accompli un premier pèlerinage à Jérusalem quelques années avant 1095. Avec vraisemblablement l'accord du pape, il prêche en Italie, Provence, puis dans le nord de la France et incite au voyage vers la Terre sainte. Ses fidèles – environ 20 000 personnes selon les chroniqueurs – sont essentiellement des paysans qui vont se livrer à plusieurs exactions en Allemagne et en Hongrie avant d'être en grande partie anéantis par les Turcs en octobre 1096 en Asie mineure, à Civitot au nord-est de Nicée.

Quelles ont pu être les motivations des croisés ? Il ne faut, sans doute, pas tenir pour négligeables les motivations purement religieuses (c'est l'argumentaire développé, par exemple, par le pape Urbain II en 1095 : il s'agit alors d'aller délivrer le tombeau du Christ des mains musulmanes et, de la sorte, d'aider les chrétiens d'Orient par l'entente nouée avec l'empereur byzantin). La promesse de la rémission plénière des péchés, l'assimilation aux martyrs de ceux trouvant la mort dans ces aventures ont touché, sans aucun doute, très profondément la spiritualité populaire en garantissant aux croisés leur salut et en leur offrant, pour l'accomplir, une autre voie que l'habit monastique. En outre, les milites christi acquéraient par leurs exploits contre les musulmans gloire et renommée, en même temps qu'ils satisfaisaient leur soif d'aventure, prolongeant ainsi, en Orient, le rôle qui était le leur dans la société occidentale.

Car il est un point sur lequel il convient d'insister pour mieux comprendre les tenants idéologiques des Croisades, qu'elles soient vues du côté chrétien ou musulman : c'est la sacralité que revêt pour les trois religions monothéistes la ville de Jérusalem.

Pour les chrétiens, l'intérêt de Jérusalem tient en la présence du Saint Sépulcre, église élevée au-dessus du tombeau du Christ, près du rocher du Calvaire, bâtie dès le IVe siècle, lorsque la mère de l'empereur romain Constantin, Hélène, y découvrit, selon la légende, les vestiges de la croix et des instruments de la Passion. Cette église, détruite au milieu du XIe siècle, fut réédifiée en 1149 sous la forme d'une église romane. Les musulmans ont élevé, quant à eux, dès le VIIe siècle, la mosquée Al-Aqsa et le dôme du Rocher – oratoire édifié sur le lieu où Mahomet aurait rencontré les prophètes bibliques et se serait élevé au ciel – sur l'esplanade de l'ancien temple de Salomon. La ville devient un véritable enjeu religieux à l'époque de Saladin (1169-1193), la prise de la ville par les musulmans en 1187 sonnant comme la revanche de celle, par les croisés, de 1099 qui s'était soldée par un massacre perpétré contre les populations musulmanes et juives. Saladin restaure, notamment, de façon symbolique la sacralité musulmane de la ville en faisant rétablir dans leur intégrité (on abat les croix) les édifices musulmans. La figure de Saladin, prince kurde né à Takrit, en Mésopotamie, est restée attachée à l'idée de *djihâd* et à la victoire contre les chrétiens dans le monde arabe. Ceci explique que de nombreux dirigeants contemporains proche-orientaux, tels le président syrien Hafez al-Assad ou le dictateur irakien Saddam Hussein, se soient réclamés de lui. En ce sens, l'assimilation faite par certains dirigeants occidentaux au premier rang desquels l'ancien président des États-Unis Georges W. Bush, de la dernière guerre d'Irak à une nouvelle Croisade ne pouvait que réveiller, dans le monde musulman, des sentiments de haine et raviver l'idéal censé avoir été porté par Saladin. Du côté chrétien, la guerre sainte est le prolongement naturel de la volonté de l'Église de transformer les guerriers en chevaliers agissant pour une cause considérée comme juste. En outre, à la veille de la première Croisade s'impose en Occident l'image d'un Islam pervers et maléfique, propagé par un faux prophète s'étant adonné à la luxure. Cette image ne sera pas démentie par les premiers récits que feront les croisés, tant il est vrai que le choc culturel fut rude. Pourtant, des voix s'élèvent très vite en Occident contre la croisade et les dommages qu'elle entraîne. L'historien Martin Aurell souligne ainsi dans un ouvrage récent (*Des chrétiens contre les croisades, XIIe-XIIIe siècles*, 2013) combien la guerre sainte a pu, au moins chez les clercs et dans la littérature politique, susciter de critiques. S'il n'est pas le premier à relever ce fait, le grand apport de son ouvrage est de montrer que la critique naît très vite, dès le milieu du XIIe siècle à la suite de la défaite subie devant Damas en juillet 1148 par le roi capétien Louis VII et l'empereur du saint empire romain germanique Conrad III. Elle est ensuite constante, même si cela demeure un courant de pensée semble-t-il minoritaire, tout au long des XIIe et XIIIe siècles. Ces voix « défaitistes », ou « pacifistes », comme les nomment l'auteur, sont fondées sur le respect de deux principes mis en avant par la réforme que connaît l'Église d'Occident à partir de la fin du XIe siècle : l'allégorie des deux glaives qui symbolise la division des tâches au sein de la chrétienté entre le pouvoir spirituel détenu par les clercs et le pape (le glaive spirituel) et les princes laïques auxquels doit revenir le glaive temporel. Pour un clerc, manier le glaive temporel n'est pas recommandé, fut-il membre d'un ordre religieux-militaire tel celui des templiers. À partir du XIIIe siècle, les prédicateurs franciscains vont insister sur la force de la parole et de la conversion par celle-ci au détriment de la puissance des armes. Plus profondément, selon Martin Aurell, le message évangélique, par définition pacifique, aurait soutenu et nourri tout au long des XIIe et XIIIe siècles un courant anticroisade non négligeable. Peut-être ce type de position a-t-il rencontré une certaine adhésion populaire ? Les avis des historiens divergent cependant sur ce point tant il est difficile de prouver quoi que ce soit sur la seule base d'une littérature qui vise avant tout à la prise de position idéologique et politique.

En 1229, l'empereur Frédéric II reprend la ville aux autorités musulmanes, à la suite de négociations et non d'opérations militaires. Si ses motivations sont aussi religieuses (il s'agit de garantir l'accès aux lieux saints en toute sécurité pour les chrétiens en plaçant sous leur contrôle le cœur de la ville), la manière dont l'empereur excommunié a conduit cette drôle de Croisade lui vaudra incompréhension et mépris de la part de la papauté.

En 1291, après la prise de Saint-Jean d'Acre par les musulmans, les perspectives de Croisade s'éloignent pour les Occidentaux. Si, au bas Moyen Âge, certains princes rêveront encore de s'affronter de la sorte aux Turcs, tel le duc de Bourgogne Philippe le Bon (1396-1467), la guerre de Cent Ans (1337-1453) mettra cependant un terme à ce genre d'expédition en concentrant les efforts militaires sur le sol français.

Discours d'Urbain II, concile de Clermont, 27 novembre 1095 (extrait)

« Ô fils de Dieu ! Après avoir promis à Dieu de maintenir la paix dans votre pays et d'aider fidèlement l'Église à conserver ses droits, et en tenant cette promesse plus vigoureusement que d'ordinaire, vous qui venez de profiter de la correction que Dieu vous envoie, vous allez pouvoir recevoir votre récompense en appliquant votre vaillance à une autre tâche. C'est une affaire qui concerne Dieu et qui vous regarde vous-mêmes, et qui s'est révélée tout récemment. Il importe que, sans tarder, vous vous portiez au secours de vos frères qui habitent les pays d'Orient et qui, déjà, bien souvent ont réclamé votre aide.

En effet, comme la plupart d'entre vous le savent déjà, un peuple venu de Perse, les Turcs, a envahi leur pays. Ils se sont avancés jusqu'à la mer Méditerranée et plus précisément jusqu'à ce que l'on appelle le Bras Saint-Georges [le Bosphore]. Dans le pays de Romanie [l'Empire byzantin], ils s'étendent continuellement au détriment des terres des chrétiens, après avoir vaincu ceux-ci à sept reprises en leur faisant la guerre. Beaucoup sont tombés sous leurs coups ; beaucoup ont été réduits en esclavage. Ces Turcs détruisent les églises ; ils saccagent le royaume de Dieu.

Si vous demeuriez encore quelque temps sans rien faire, les fidèles de Dieu seraient encore plus largement victimes de cette invasion. Aussi je vous exhorte et je vous supplie, – et ce n'est pas moi qui vous y exhorte, c'est le Seigneur lui-même – vous, les hérauts du Christ, à persuader à tous, à quelque classe de la société qu'ils appartiennent, chevaliers ou piétons, riches ou pauvres, par vos fréquentes prédications, de se rendre à temps au secours des chrétiens et de repousser ce peuple néfaste loin de nos territoires. Je le dis à ceux qui sont ici, je le mande à ceux qui sont absents : le Christ l'ordonne.

À tous ceux qui partiront et qui mourront en route, que ce soit sur terre ou sur mer, ou qui perdront la vie en combattant les païens, la rémission de leurs péchés sera accordée. Et je l'accorde à ceux qui participeront à ce voyage en vertu de l'autorité que je tiens de Dieu. »

« Les templiers ont caché un trésor. »

Les chevaliers du Prieuré de Sion apprirent l'existence de documents secrets, enfouis sous les ruines de l'ancien Temple d'Hérode […].

Les membres du Prieuré se sont alors juré de […] toujours les protéger par la suite, afin que le secret qu'ils contenaient ne disparaisse jamais.

Dan Brown, *Da Vinci Code*, 2004

Qui sont les templiers ? Quelle est la nature du « trésor » qu'ils sont censés avoir enfoui et dont on ne sait plus trop bien, à lire les avatars littéraires et légendaires de cette histoire, s'il s'agit d'un véritable trésor, sonnant et trébuchant, ou d'un secret explosif concernant l'Église. Car les romanciers et autres littérateurs, mêlant les informations factuelles exactes aux élucubrations, s'entendent depuis bien longtemps à entretenir le mystère.

Le mythe relatif à l'ordre du Temple trouve racine au XVIIIe siècle, lorsque l'on commença à vouloir voir, de manière artificielle, dans la toute récente franc-maçonnerie l'héritage spirituel des défunts templiers. La Révolution française enrichit la légende en campant les templiers et francs-maçons en sectateurs antichrétiens. Dès lors, la machine était lancée, et nombre de sectes des XIXe et XXe siècles, désireuses de se rattacher au christianisme primitif, allaient se réclamer de cette prestigieuse filiation. Ces légendes se fondent sur la fin tragique et brutale que connu l'ordre des templiers au début du XIVe siècle, à l'issue d'un procès pour hérésie* intenté par le roi Philippe Le Bel et dont Jules Michelet, entre autres, a fait son miel.

Pourtant, rien dans l'histoire de l'ordre ni dans les objectifs qui lui sont assignés dès sa création ne relève du mystère. Les templiers – nommés à l'origine Pauvres chevaliers du Christ et du Temple de Salomon, puis Milice du Temple – apparaissent à Jérusalem en 1120. Leur objectif est, au départ, de protéger les pèlerins chrétiens venus en Terre sainte. Ils s'installent dans le palais du roi de Jérusalem Baudouin II, au sud de l'esplanade du Temple, à l'emplacement de l'ancien palais de Salomon, au cœur même de la ville sacrée. Leur fondateur est l'un des compagnons du célèbre croisé Godefroy de Bouillon, Hugues de Payns, un chevalier d'origine champenoise. Cette fondation s'inscrit parfaitement dans le contexte de la première Croisade et répond aux aspirations spirituelles de la classe des nobles, ceux que dans la division tripartite de la société médiévale on nomme les milites (ceux qui combattent) aux côtés de ceux qui prient et de ceux qui travaillent. Saint Bernard, un noble bourguignon entré au monastère de Clairvaux avec plus de trente de ses parents en 1115, se place comme le véritable guide spirituel de la Croisade : il encourage, dans le sermon qu'il adresse aux chevaliers du Temple en 1128 – *Éloge de la nouvelle chevalerie* – les *milites* à rejoindre la « Milice du Christ », c'est-à-dire à renoncer à la violence gratuite et cupide (ce qu'il nomme la *malicia*, qu'il oppose par un jeu de mot au terme *militia*) pour mettre leur puissance au service de la cause chrétienne.

La règle adoptée par le Temple en 1129 à Troyes est, selon l'historienne Simona Cerrini, « ni ascétique, ni héroïque ». Fondée sur la règle de saint Benoît, en vigueur dans les monastères occidentaux depuis le IXe siècle, elle met l'accent sur la stricte hiérarchie qui doit structurer l'ordre, distinguant entre le maître, les frères chevaliers formant le chapitre*, les prêtres et les sergents. S'ajoutent à cet ensemble un certain nombre de personnes qui, tout en ne prononçant pas de vœux, s'associent à l'ordre : ce sont les confrères et consœurs, dont la réception doit être accompagnée d'une donation. Les *donats*, quant à eux, cèdent l'ensemble de leurs biens à l'ordre et sont enterrés en habit de templier dans le cimetière de la commanderie, nom que l'on donne aux établissements templiers, véritables centres de gestion et de recrutement, qu'ils soient situés en Orient ou en Occident. Les frères recrutent en effet dans toutes les catégories sociales, mais la majorité des frères chevaliers possède une origine noble. Les rites d'admission n'ont rien d'étrange ni de mystérieux : le postulant doit être interrogé par le chapitre de la commanderie qu'il souhaite intégrer avant que son admission ne soit définitive. On peut également exiger du nouveau frère un cadeau à remettre au maître lors de son admission (arme, cheval, somme d'argent).

La mission des templiers consiste à assurer la défense militaire des frontières des États latins d'Orient nés avec la première Croisade. Ces activités passent par la participation effective aux combats, en Terre sainte mais aussi dans la péninsule Ibérique, où les templiers se verront dotés de vastes territoires par les souverains de Castille et d'Aragon en remerciement de leur aide. Ils doivent aussi assurer la garde des forteresses frontalières avec les terres musulmanes, telles celles de Tortose, en Aragon, et d'Arima au nord du comté de Tripoli. Pour accomplir au mieux leur mission, ils ont besoin de faire des recrues, qui permettent un renouvellement des troupes stationnées en Orient, mais aussi de moyens financiers pour permettre à l'ordre de vivre. C'est là l'origine de l'implantation du Temple en Occident.

Leur richesse se traduit, en premier lieu, par les revenus tirés de l'exploitation seigneuriale de leurs terres mais également des centres urbains, qu'ils contribuent à agrandir en étant à l'origine de nouveaux quartiers comme à Perpignan, par exemple, où les templiers fondent au milieu du XIIIe siècle le quartier Saint Mathieu. Leur implication dans les circuits de l'économie internationale les transforme, en outre et aux côtés de bien d'autres, en créanciers, aussi bien des puissants que des plus humbles, pratiquant des taux d'intérêt souvent usuraires, de l'ordre de 20 % ! Les rapports du Temple avec les souverains se nouent donc aussi sur ce terrain-là : ainsi, les templiers sont-ils les gardiens (et gestionnaires) du Trésor du roi de France au XIIIe siècle, un terme qui désigne l'institution chargée de la gestion des ressources ordinaires de la royauté. Sans doute tient-on là l'une des origines de la confusion qui va s'opérer dans les esprits, par la suite, entre la charge de gardiens du Trésor et la possession d'un véritable trésor.

En réalité, les templiers possèdent plusieurs « trésors », si l'on poursuit un instant encore sur le versant de la richesse du Temple : le premier d'entre eux est celui de l'ordre, conservé à Acre puis à Chypre après la chute de la première ville en 1291. Il est composé notamment des versements que les commanderies occidentales doivent effectuer une fois par an en direction de la Terre sainte afin de soutenir l'ordre et de lui permettre d'accomplir ses missions en Orient (c'est ce que l'on nomme le système des *responsiones*) ; mais il comprend aussi, comme tout « trésor » relevant d'une institution médiévale, qu'elle soit religieuse ou laïque, les archives de l'ordre nécessaires à apporter la preuve de ses droits et des privilèges obtenus, ainsi qu'une part de reliques et de joyaux. Le deuxième « trésor » templier est constitué par la richesse accumulée par les commanderies occidentales qui sont généralement très bien gérées et dont les finances sont contrôlées régulièrement par un système de visites internes que l'on pourrait assimiler à des tournées d'inspection. Les commanderies possèdent ainsi des livres de comptes dès le milieu du XIIIe siècle, tenus régulièrement, parfois de manière hebdomadaire, qui doivent être présentés lors des visites. Leur réputation de bons gestionnaires leur vaut de gagner la confiance des puissants, à l'image du souverain capétien Philippe Auguste qui, au début du XIIIe siècle, confie la réorganisation du trésor royal au templier de Paris Aymard. La mise sous séquestre du patrimoine des commanderies des templiers de France, lors de leur arrestation en 1307, et son exploitation dès lors au bénéfice des caisses du trésor royal est, sans doute, une conséquence appréciable et recherchée de la machine judiciaire lancée contre eux à l'initiative de Philippe le Bel ; cependant il ne faut pas voir là un trait cupide de la part du souverain, la confiscation des biens et leur mise sous séquestre est une étape normale d'une procédure judiciaire de ce type. Le troisième « trésor » enfin est constitué par la fortune personnelle des commandeurs, qui donne lieu à la tenue d'un livre de comptes distinct pour chaque commanderie, possiblement alimentée par certains revenus seigneuriaux provenant de l'exploitation du patrimoine des commanderies. Les commandeurs ont, en effet, rang de grands seigneurs, ils se doivent d'en posséder le train de vie et d'entretenir une *familia* (un entourage) importante. C'est précisément un trésor de ce type qui est à l'origine de la légende du trésor des templiers : selon les propos tenus par le frère Jean de Châlons en 1308 lors de son interrogatoire par les agents du roi, le visiteur général de l'ordre en France – Hugues de Pairaud – aurait confié à l'automne 1307, peu avant son arrestation, à son neveu [en réalité au commandeur de Dormelles comme il sera établi plus tard] un coffre contenant près de 1 200 pièces d'or et 5 000 d'argent. Ce trésor, après quelques péripéties, se trouvera finalement entreposé dans les caisses du souverain, au début des années 1320, où il sera dûment enregistré dans un registre de comptes.

Pourquoi les templiers ont-ils été arrêtés ? Cette question a suscité nombre de débats et généré de nombreux fantasmes relatifs aux pratiques supposées mystérieuses de cet ordre. Il faut s'arrêter un instant sur le contexte qui permet de comprendre, sinon d'expliquer, l'engrenage de la machine judiciaire lancée contre le Temple en 1308. La fin du XIIIe siècle marque le revers complet des chrétiens occidentaux en Orient : après la chute de Saint-Jean d'Acre en 1291, située dans le royaume de Jérusalem, les perspectives de Croisade semblent s'éloigner, même si les agissements du grand maître des templiers entre 1294 et 1306 ainsi que les appels lancés par le catalan Raymond Lulle, conseiller du roi Jacques II de Majorque et auteur, en 1291, d'un traité en faveur de la croisade – le *Livre du passage* – adressé au pape Nicolas IV, prouvent que l'idée de reprendre la Terre sainte n'est pas totalement écartée. Du reste, l'idéal du prince croisé, mettant son glaive au service du pape et se faisant par là le champion de la chrétienté, aura encore de beaux jours devant lui jusqu'au XVe siècle : le souverain Valois Philippe VI, envisage encore de se croiser au début des années 1330 ; à la fin du XIVe siècle, c'est encore ce modèle du prince croisé que Philippe de Mézières donnera à son élève, le jeune souverain Charles VI, dans le *Songe du vieux pèlerin*.

Les rois maudits

« Pape Clément !, chevalier Guillaume !, roi Philippe ! Avant un an, je vous cite à comparaître au tribunal de Dieu pour y recevoir votre juste châtiment ! Maudits ! Maudits ! Tous maudits jusqu'à la treizième génération de vos races ! »

Ainsi commence le premier tome du roman de Maurice Druon – *Les Rois maudits* – qui narre la fin de la dynastie des Capétiens et les débuts de la guerre de Cent Ans.

Si l'académicien n'a pas complètement inventé la malédiction de Jacques de Molay – la tradition légendaire existe depuis le xve siècle –, il l'a néanmoins grandement enjolivée car elle sert au romancier de formidable moteur à son intrigue. La malédiction, dont on voit l'accomplissement au fil des 7 tomes que compte le roman, est à la fois le moteur de l'action et le symbole d'une époque troublée et complexe qui prélude au plus grand conflit qu'ait connu l'Occident médiéval. Car ce qui est au cœur du roman de Maurice Druon n'est pas la malédiction ni l'histoire du procès des templiers mais bien plutôt ce qui suit, c'est-à-dire les péripéties ultimes de la dynastie capétienne et les prémices du monde moderne.

Rédigés entre 1955 et 1960 pour les six premiers tomes – Maurice Druon en ajoutera un septième en 1977, sorte de conclusion en forme de retour en arrière sur les débuts de la guerre de Cent Ans – *Les Rois maudits* furent à la fois un succès de librairie et de télévision. En 1972, Marcel Jullian associé à Claude Barma en donne une première adaptation pour le petit écran en une série de 6 épisodes de 102 minutes chacun. Les décors sont sobres, comme pour une pièce de théâtre, une impression renforcée par le parti pris de la mise en scène en intérieur. Le drame se joue, mais l'on en reste simple spectateur.

En 2005, une équipe de production franco-italienne placée sous la direction de Josée Dayan livre une nouvelle version de la série, resserrée puisque les tomes 4 (La loi des mâles) et 7 (Quand un roi perd la France) du roman ne font pas l'objet d'une adaptation. En 5 épisodes de 90 minutes au rythme soutenu on retrouve néanmoins l'esprit des rois maudits bien que les parti pris esthétique et de mise en scène soient assez différents. Les décors sont ici en partie naturels et réels, même si un jeu sur les escaliers tortueux du palais du souverain, symboles de l'esprit aussi alambiqué des intrigues qui s'y nouent, apparaît de manière évidente. Les costumes, créés par Mimi Lempicka, sont somptueux, librement inspirés de l'esprit de l'époque, avec ici un jeu de couleurs qui vient identifier chacun des personnages. Au cœur de l'intrigue des rois maudits, du roman comme de ses adaptations télévisées, se trouve le personnage de Robert III d'Artois, neveu de la comtesse Mahaut et cousin des derniers Capétiens. Son attitude et ses ambitions, qui dépassent largement la volonté de recouvrer son héritage perdu, le campe comme un prince caractéristique de son époque aux yeux de l'écrivain comme à ceux des adaptateurs successifs du roman. Les deux comédiens qui ont incarné tour à tour ce rôle – Jean Piat en 1972-1973 et Philippe Torreton en 2005 – s'y sont affrontés de manière très différente mais tout aussi intéressante l'une que l'autre. Si le Robert d'Artois de Jean Piat est cynique, froid et inquiétant, tout en demeurant très théâtral, celui de Philippe Torreton est au contraire tout en brutalité, en explosions émotives et de tempérament sanguin, ce que traduit la couleur dominante de ses vêtements qui est le rouge.

Cependant l'échec des États latins d'Orient rend la raison d'être des ordres militaires plus problématique, les critiques à leur encontre ne manquent d'ailleurs pas et l'idée que leur nombre, à tout le moins, doit être diminué germe dans certains esprits. Le nouveau maître de l'ordre du Temple, Jacques de Molay (1292-1314), refuse cependant la solution de s'unir aux Hospitaliers qui lui est proposée. C'est pourtant la solution qu'avait choisie Philippe IV le Bel, le souverain capétien, qui envisageait de placer l'un de ses fils, voire sa propre personne, à la tête de cet ordre nouveau. Ici encore, il ne faut pas voir dans cette prétention du roi de France la marque d'une ambition démesurée ou le signe d'une vindicte implacable contre les templiers dont il aurait juré la perte. Comme le montrent très bien les études les plus récentes sur la politique menée par Philippe le Bel et, singulièrement, sur la construction de l'idéologie souveraine capétienne entre la fin du XIIIe siècle et le début du siècle suivant, le roi français conçoit sa tâche comme une véritable mission dont les fondements sont tout à fait comparables à ceux du gouvernement du pape à la tête de l'Église : le royaume est un corps mystique dont il est le chef, son autorité s'étend donc de droit et par principe idéologique également sur le clergé de son royaume. L'affaire des templiers est un révélateur parmi d'autres de ce nouveau mode idéologique. En outre, il convient d'ajouter que cette façon de penser et d'agir, si elle heurte, dans ses traductions factuelles l'Église et son chef n'en est pas moins conforme à l'idée de paix que l'on entend à l'époque comme l'union des chrétiens occidentaux – au besoin derrière le roi de France – contre les infidèles.

S'ajoutent néanmoins à ces motifs proprement politiques et idéologiques des mobiles financiers – en clair la volonté de profiter des biens templiers pour renflouer les caisses de l'État – qui ont sans doute également animé le roi de France dans sa volonté d'éradiquer l'ordre, sans en être la raison exclusive. Dès lors, la machine judiciaire est lancée contre eux, et c'est un procès pour hérésie que l'on va intenter au Temple à partir de 1307 sur ordre du roi dont les juristes dressent l'acte d'accusation. La procédure est sanctionnée par la dissolution de l'ordre prononcée au concile de Vienne en 1312. Les accusations portées contre les templiers – pratiques bestiales, rejet du Christ et de la croix, adoration d'idoles inspirées de l'Islam – ne doivent, dès lors, pas surprendre. Les condamnations au bûcher ne concernèrent, cependant, que des templiers du royaume de France, à Paris et en Languedoc essentiellement. Si le grand maître Jacques de Molay n'a pas lancé de malédiction précise à l'encontre du roi ou du pape lorsqu'il montât sur le bûcher, ce sont bien les propos qu'il prononça en public quelques heures auparavant qui le condamnèrent. Et ici encore il n'y a pas lieu de s'étonner : certes, le procès aurait dû être mené à son terme par la justice ecclésiastique et le grand maître ainsi que son compagnon condamné avec lui, le commandeur de Normandie Geoffroy de Charney, entendus par le pape ou ses représentants. Cependant lorsqu'en mars 1314 il est conduit sur le parvis de Notre Dame pour y entendre de la bouche de cardinaux envoyés du pape la sentence qui le condamne à la prison à vie, puisqu'il est revenu sur le premier déni de ses aveux ce qui l'a lavé provisoirement de l'accusation d'être relaps et donc sauvé de la mort, Jacques de Molay provoque un scandale – au sens propre et juridique du terme – en proclamant publiquement son innocence et celle de son ordre. Dès lors la machine judiciaire souveraine reprend la main, certes de manière très rapide, mais sans surprise car il revient à la justice du roi de mettre tout en œuvre afin de préserver l'ordre public. Quant aux biens de l'ordre, ils furent octroyés aux Hospitaliers (futurs chevaliers de Malte, un ordre fondé pour soigner les pèlerins au début du XIIe siècle et grands concurrents des templiers) et restèrent, de la sorte, entre les mains de l'Église.

Les critiques à l'encontre des templiers

Parmi les cibles privilégiées dénoncées par les voix qui s'élèvent contre la croisade, la figure du templier est très présente. Ce guerrier d'un genre nouveau et mal défini, puisqu'il manie les armes tout en ayant prononcé les trois vœux monastiques d'obéissance, pauvreté et chasteté, cristallise les critiques. Parmi ses détracteurs, le chroniqueur Guillaume de Tyr – clerc séculier, né vers 1130 à Jérusalem, précepteur puis chancelier du roi Baudouin V avant de devenir archevêque de Tyr en 1175 – dresse un portrait peu flatteur qui inspirera nombre de légendes par la suite.

Voici comment Martin Aurell, historien médiéviste et professeur à l'université de Poitiers, présente le passage des *Chroniques* de Guillaume de Tyr (qui couvrent l'histoire du royaume de Jérusalem des origines à 1184) dans lequel celui-ci s'en prend aux templiers ; il s'agit des chapitres XVII à XX :

« À trois reprises, Guillaume de Tyr dénonce les templiers pour leur trahison envers le royaume de Jérusalem et envers l'Église. Il les dit alors mus par leur seule convoitise et protégés de tout remord par leur orgueil [ces "défauts" sont précisément ceux que l'on adresse généralement aux chevaliers]. D'abord, ils auraient fait échouer, l'été de 1153, un assaut général d'Ascalon, assiégée depuis plusieurs mois. Guillaume raconte que leur grand maître Bernard de Tremblay et une quarantaine de frères s'engouffrent dans une brèche percée dans les remparts. Ils interdisent cependant aux autres guerriers de les suivre "pour obtenir, en pénétrant les premiers dans la ville, plus de butin et d'argent". Mal leur en prend. "Entraînés par leur cupidité", ils se retrouvent isolés au milieu de l'ennemi, qui les tue et qui suspend leurs cadavres à la muraille. À lire l'archevêque de Tyr, leur motivation n'était autre que d'occuper le plus grand nombre de maisons et d'amasser le plus de dépouilles qui, selon les usages de la guerre, leur appartiendraient en propre. C'est pourquoi ils avaient rejeté, au prix de leur vie, l'aide du reste de l'armée chrétienne.

En deuxième lieu, Guillaume de Tyr en veut au Temple d'avoir abandonné, en 1154, Nasr, prétendant au califat de

Caire. Ayant échoué dans son coup d'État, le conspirateur s'enfuit d'égypte. Il est toutefois capturé au sud du royaume de Jérusalem par les templiers, qui le vendent pour 60 000 pièces d'or aux Fatimides. La populace du Caire le massacre cruellement. Le chroniqueur ajoute qu'au cours de sa captivité Nasr avait appris le latin et les rudiments de la foi chrétienne. Il réclamait même le baptême, mais les frères avaient préféré le livrer pour de l'argent à ses bourreaux.

Guillaume de Tyr formule un troisième et dernier chef d'accusation contre les templiers. En 1173, ils ont, selon lui, tué l'émissaire des Assassins. On sait, en effet, que cette secte chiite cherche régulièrement l'alliance franque dans son combat contre les sunnites. Or son chef, le Vieux de la Montagne, étudie, toujours d'après la chronique, les évangiles, rejette par comparaison le Coran et demande le baptême pour lui et ses sujets. L'avarice des templiers empêche cependant cette issue, heureuse pour la Chrétienté, mais non pour eux, car elle les aurait privés du tribut annuel des Assassins. Pour préserver ce revenu, ils commandent à leur frère Gautier du Mesnil – que Guillaume veut "inique, borgne, stupide, à l'esprit obtus et dépourvu de tout discernement" – de tuer l'ambassadeur envoyé par le Vieux de la Montagne pour arranger la conversion de son peuple. [... le roi de Jérusalem lui-même] ne peut rien face à l'asile accordé au meurtrier par le maître du Temple, "chez qui l'orgueil abondait" ».

Il semble bien que l'indépendance de l'ordre du Temple vis-à-vis tant de l'autorité du roi de Jérusalem que de celle des évêques ait été la principale cause de la charge de Guillaume de Tyr contre eux, qui ne connaît ces événements que par ouï-dire et méconnaît la réelle valeur militaire des moines-soldats.

« L'Inquisition avait plus de pouvoir que les rois. »

Il affirma qu'il avait vu, la veille, de ses yeux, conduire en charrette cinquante-quatre frères dudit Ordre pour être brûlés, parce qu'ils n'avaient pas voulu avouer les erreurs susdites, qu'il avait entendu dire qu'ils avaient été brûlés, et que lui-même, craignant de ne pas offrir une bonne résistance s'il était brûlé, avouerait et déposerait sous serment, par crainte de la mort, en présence desdits seigneurs commissaires et en présence de n'importe qui, s'il était interrogé, que toutes les erreurs imputées à l'Ordre étaient vraies et qu'il avouerait même avoir tué le Seigneur si on le lui demandait.

Déposition du frère templier Aimery de Villiers-le-Duc,
13 mai 1310

En juillet 2012, la chaîne de télévision France 2 entreprend de diffuser les huit épisodes d'une nouvelle série télévisée créée par Nicolas Cuche et intitulée *Inquisitio*. Le personnage central de la série, le grand inquisiteur Guillermo Barnal, se trouve à Carpentras en 1378, au moment du schisme qui oppose le pape avignonnais Clément VII à son homologue romain Urbain VI. Il a à résoudre une affaire de meurtre, celui de deux prêtres, dont les corps ont été mis à mort de manière particulièrement cruelle, forfait dont il accuse bientôt un médecin juif de la ville qui clame pourtant son innocence. Le personnage de Guillermo apparaît comme inquiétant, physiquement tout d'abord (il est grand, émacié et borgne ; on apprend au cours des épisodes qu'il s'est lui-même infligé cette infirmité afin d'expier ses péchés) mais aussi moralement ; c'est un fanatique, intransigeant sur les questions de foi, dont on comprend peu à peu quel est le secret qui le conduit à poursuivre une implacable vengeance. La série, qui devait connaître une saison 2, n'a pas été reconduite par la chaîne en raison d'une polémique qu'elle a suscitée très vite dans les milieux catholiques, relayés par la conférence des évêques de France. Ce que l'on reproche au téléfilm est de véhiculer une image de l'Église, du pape et des mystiques de l'époque dégradante et indigne, censée être bien éloignée de la réalité historique. Si le réalisateur se défend d'avoir voulu donner dans la reconstitution minutieuse, le portrait qu'il propose de l'inquisiteur rencontre incontestablement un écho dans l'imaginaire collectif – et c'est bien là, du reste, ce qui inquiète les autorités catholiques. La peur de l'Inquisition* est ancrée dans les esprits, en effet, même si l'idée que l'on s'en fait ressortit bien souvent beaucoup plus à ce qu'est devenue cette institution à l'époque moderne, notamment en Espagne, qu'à ce qu'elle était à l'époque médiévale. Dans l'opéra de Verdi, *Don Carlo*, le grand Inquisiteur ne se permet-il pas de menacer jusqu'au souverain Philippe II qui finira par lui sacrifier son fils ?

Pour bien comprendre ce qu'est l'Inquisition médiévale, il faut s'intéresser avant tout au contexte qui l'a vue naître et qui en donne les clés de lecture. Les tribunaux d'Inquisition sont créés par une série de lettres émanant du pape Grégoire IX entre 1231 et 1233. Le souverain pontife confie par-là aux membres des ordres mendiants (Dominicains surtout, mais aussi Franciscains notamment en Italie) le soin de lutter par les moyens de la justice contre toute croyance chrétienne dénoncée comme déviante du dogme établi. Auparavant, plusieurs étapes jalonnent l'émergence de cette institution : en 1184 par la bulle (texte officiel émanant du pape) *Ad abolendam*, le pape

Lucius III a émis l'idée de la nécessité pour l'Église de lutter contre les hérésies* ; en 1215, lors du concile de Latran IV, il est décidé que les fidèles auront l'obligation de dénoncer auprès des tribunaux ecclésiastiques tout suspect d'hérésie ; en 1220, l'empereur Frédéric II apporte son soutien au pape dans la poursuite de l'hérésie, imité en cela par le roi de France – c'est avec Louis IX, canonisé en 1297 sous le nom de Saint Louis, que la promesse de chasser l'hérésie du royaume entre dans le serment du sacre*. Enfin, en 1252, Innocent IV complète la série de mesures prises par son prédécesseur Grégoire IX en autorisant l'usage de la torture par les tribunaux d'Inquisition. Ces tribunaux, spécialisés dans la connaissance des affaires en matière de foi, agissent de manière autonome par rapport aux juridictions épiscopales (les évêques étaient auparavant chargés de l'instruction des procès pour hérésie, charge qu'ils conserveront en Angleterre) et laïques. Ils dépendent exclusivement de l'autorité du pape, les pouvoirs séculiers ayant force d'exécution de leurs sentences qui sont sans appel sauf auprès du souverain pontife.

La période qui donne naissance à l'Inquisition – entre la fin du XIIe et le milieu du siècle suivant – voit de grands bouleversements sociaux et politiques s'accomplir sous l'effet de la croissance démographique et économique que connaît l'Occident. Les villes, en particulier, sont en plein essor ; les élites en leur sein – marchands, artisans, hommes de loi, maîtres des écoles et des universités – peinent à trouver leur place dans les vieux schémas de pensée qui enferment encore la société en trois groupes dont le dernier – ceux qui travaillent – se diversifie de plus en plus. Dans les régions où l'hérésie sera la plus vivement dénoncée – en Rhénanie, en Italie centro-septentrionale, en Languedoc et en Provence –, les communautés tant urbaines que rurales se structurent, les pouvoirs politiques des élites locales y sont réels ; ce sont elles que l'on commence à nommer « bons hommes » – une expression qui désigne aussi les leaders de l'hérésie dite cathare – au sens de notables respectables et biens établis au sein de leur communauté. Les institutions princières et souveraines n'y exercent bien souvent qu'une autorité nominale et lointaine qui renforce cet état de fait. Or l'Église a entrepris, depuis la fin du XIe siècle, un vaste mouvement de réforme qui vise à établir fermement un contrôle des consciences tout en affirmant une autorité temporelle sur ses biens et seigneuries. C'est au concile de Latran IV (1215) que ces intentions trouvent les moyens juridiques et politiques de leur réalisation.

D'une ampleur exceptionnelle (59 de ses 70 canons sont restés valables jusqu'en 1917) le concile de Latran IV eu, entre autres préoccupations, la lutte contre les hérésies et le judaïsme (notamment par la demande adressée aux princes laïques de contraindre les communautés juives de leurs terres à porter un signe distinctif : une petite roue jaune cousue sur l'épaule et nommée rouelle). C'est à partir de cette date que s'exacerbe en effet la crispation contre les minorités religieuses, perçues désormais comme une menace conte l'unité de l'Église qu'il convient d'extirper. Ce point est très important, car en autorisant la croisade contre les dissidences religieuses, telle la croisade contre les Albigeois, en ouvrant la voie à la création, à partir de 1233, du tribunal de l'Inquisition, reposant sur une procédure judiciaire nouvelle (la procédure inquisitoriale), le concile de Latran IV a contribué à rendre l'accusation d'hérésie, élargie à tout comportement jugé « déviant » par l'Église, d'une extrême gravité et dont les conséquences sociales furent stigmatisantes pour ceux qui en étaient les victimes.

Les catharismes

Parmi les dissidences religieuses dénoncées comme hérétiques par les clercs des XIIe-XIIIe siècles, celle que l'on a pris l'habitude de désigner sous le nom de « catharisme » est sans doute la plus familière. Rappelons cependant, en préambule, que les « cathares » – terme qui dérive du grec *catharos* qui signifie parfait – ne se sont jamais désignés eux-mêmes de la sorte, préférant employer l'expression « bons hommes et amis de Dieu ». Du reste, les termes usités par les clercs pour désigner les hérétiques sont souvent génériques, comme l'indique le concile de Latran III (1179) dont l'un des objectifs fut de prendre la mesure de l'extension de « la damnée perversité des hérétiques que certains appellent cathares, les autres patarins, les autres publicains, d'autres encore par d'autres noms ». Selon les régions en effet, les cathares prennent le nom d'Albigeois, de Manichéens ou encore de Bogomiles. Il est donc préférable d'utiliser le pluriel pour désigner un groupe diversifié sans réelle unité hormis celle forgée par l'Église elle-même pour dénoncer ce genre de pratiques et de croyances.

Les Cathares seraient issus d'une synthèse de courants de pensée très anciens venus d'Orient (zoroastrisme iranien, manichéisme de Manès, néo-platonisme des IIe et IIIe siècles après J.-C.) qui se sont christianisés dans l'Empire byzantin. L'implantation du catharisme en Occident est sans doute due pour une bonne part aux croyances importées par les croisés, notamment après la 2e croisade (v. 1147).

Au milieu du XIIe siècle, le catharisme apparaît diffusé surtout en Languedoc, mais aussi en Aragon, en Italie septentrionale et jusqu'en Rhénanie ou en Champagne. Si les terres méridionales lui sont, cependant, restées attachées c'est en raison de la diffusion importante qu'y prirent ces croyances qui rencontrèrent un réel succès surtout auprès des élites sociales (princes, tels les comtes de Toulouse Raymond VI et Raymond VII, noblesse, notables urbains). Dans ces régions, en effet, l'anticléricalisme, qui s'attachait surtout à dénoncer la puissance des clercs et leurs prétentions temporelles, prit une tournure particulière en raison du poids des seigneuries ecclésiastiques bien souvent hostiles à l'essor des pouvoirs des consuls urbains. Ainsi à Albi, à la fin du XIIIe siècle, la plupart des grandes familles de marchands et juristes de la cité étaient plus ou moins directement concernées par l'hérésie en raison d'une opposition politique au gouvernement de l'évêque Bernard Castanet seigneur de la ville. Le Languedoc fut en outre très vite repéré par la papauté comme terre d'hérésie, à la suite de l'échec d'une tournée de prédication menée en Albigeois par le cistercien Bernard de Clairvaux en 1145. La répression de l'hérésie par les tribunaux d'Inquisition commença, enfin, très tôt dans cette région, dès 1233 à Toulouse où les inquisiteurs Guillaume Arnaud et Pierre Sellan menèrent les enquêtes de manière peu conciliante. Les activités de l'Inquisition seront, d'ailleurs, plusieurs fois arrêtées en Languedoc en raison d'oppositions locales qui peuvent aller jusqu'à l'assassinat des inquisiteurs, comme en 1242 à Avignonnet. Passé le milieu du XIIIe siècle, il ne semble demeurer que quelques poches de résistance cathare dans la région d'Albi et de Carcassonne. Les derniers cathares languedociens inquiétés par l'Inquisition seront brûlés en 1324-1325.

Du point de vue des croyances, selon certains historiens (Jacques Berlioz), le catharisme n'est pas seulement une contestation ponctuelle du dogme catholique ainsi qu'une remise en cause de la médiation des prêtres dans la délivrance des sacrements. Il s'agit ni plus ni moins que d'une autre religion chrétienne à côté du catholicisme. Les cathares, contrairement aux catholiques, posent ainsi l'idée de deux principes rivaux – ou deux « dieux » – qui ordonnent le monde : le Bien et le Mal. Le Dieu bon est à l'origine de la création des âmes (spirituel). Le Dieu mauvais est le créateur de la matière. En outre, les cathares refusent l'idée de l'incarnation et ne croient ni dans la virginité de Marie, ni dans l'idée de la crucifixion de Jésus. Les âmes étant d'essence divine, à la mort de chaque homme, l'âme n'est pas libérée du corps – qui a été façonné par le Dieu mauvais – mais condamnée à se réincarner. Seule la victoire du principe Bon mettra fin au cycle des transmigrations.

Ce dualisme de principe, qui incite certains inquisiteurs à les nommer « manichéens », est sans doute apparu assez tardivement en Languedoc, pas avant la fin du XIIe siècle. À l'heure actuelle on considère que ce serait même le résultat de la répression menée par l'Inquisition qui aurait conduit l'Église à vouloir masquer la charge de contestation sociale et doctrinale que contenaient les hérésies (anticléricalisme et préceptes de vie tirés directement des évangiles) au profit d'une assimilation à des croyances de l'Antiquité tardive qui leur ôtait toute signification politique. De même, l'idée selon laquelle les cathares se seraient dotés d'une contre-Église, avec des évêques, des prêtres (appelés Parfaits ou Parfaites/Bons Hommes ou Bonnes Femmes), des fidèles et des sacrements spécifiques n'a sans doute existé que dans la tête des inquisiteurs, en vue d'accentuer la menace que faisaient potentiellement peser les Cathares – comme tout hérétique – sur l'ordre ecclésiastique. Le catharisme est plutôt affaire de sociabilité, de réseaux fondés sur l'amitié et le respect dû aux « bons hommes » auxquels on reconnaissait un certain pouvoir lié à la sagesse qu'ils incarnaient et aux préceptes de vie, issus des évangiles, qu'ils mettaient quotidiennement en application ce qui n'excluait pas le respect de certains rites. Le catharisme serait ainsi, selon les historiens spécialistes des croyances religieuses médiévales, un exemple très caractéristique de la manière dont l'Église a pu « inventer l'hérésie ».

Cette volonté d'éradication de toute déviance au nom de l'unité de l'Église fut-elle poussée au point d'inventer l'hérésie ? C'est ce que pensent certains historiens en examinant les procès.

Les fondements de la procédure inquisitoriale sont établis dès 1184 à Vérone par le pape Lucius III. C'est cependant avec la création des tribunaux d'Inquisition proprement dits que celle-ci va se codifier ; son efficacité repose sur deux éléments : d'une part un questionnaire préétabli, à charge, destiné à faire avouer les témoins qui sont *a priori* soupçonnés d'hérésie, d'autre part l'archivage systématique et soigneux – avec indexation qui permet de circuler aisément dans les textes – des dépositions des témoins et des sentences prononcées (les fameux livres d'inquisiteurs). Au cœur du procès se situe donc l'enquête, qui en termes exacts correspond à une procédure sommaire et non contradictoire déclenchée sur la seule base de dénonciations. La délation est une obligation exigée des témoins, ce qui permet aux inquisiteurs de (re)constituer des réseaux entiers – on a coutume ainsi de considérer que le Lauragais a été entièrement « quadrillé » avec plus de 5 000 personnes interrogées entre 1245 et 1247. Les peines étaient ensuite graduées : pour ceux qui avaient avoué durant le temps de grâce, où chacun pouvait bénéficier d'un pardon à condition de dénoncer tous ceux qu'il savait impliqués, aucune sentence n'était prononcée ; si l'enquête démontrait une implication minime on pouvait être condamné à un pèlerinage ou au port d'un signe d'infamie ; en revanche, pour les cas considérés comme graves, les peines pouvaient s'étendre de la prison à vie au bûcher (pour les relaps notamment, qui avaient avoué puis s'étaient rétractés). D'après certains registres d'inquisiteurs, tel celui de Bernard Gui actif en Languedoc au début du XIVe siècle, la mort n'est notifiée que pour 6,7 % des 916 sentences prononcées, cependant que 54,5 % des condamnés le sont à la prison perpétuelle (le « mur »). De telles méthodes, alliées à toute une littérature de propagande destinée à discréditer l'hérésie (les traités d'hérésiologie) permettent de débusquer les déviances, de les transformer en crimes, mais surtout d'en amplifier la portée et d'en surestimer la dangerosité spirituelle.

C'est l'obsession du contrôle des croyances, au nom de l'unité de l'Église et de la mise en place d'un ordre moral qui était également perçu comme le fondement de l'ordre public, qui explique les « collusions » qui purent exister entre les intérêts de l'Église et ceux des princes laïques. Si la puissance de l'Inquisition médiévale n'est pas équivalente à celle que cette institution acquerra par la suite en Espagne – où du XVe au XIXe siècle elle jouera le rôle d'une véritable police politique – force est de constater qu'à plusieurs reprises les glaives temporel et spirituel s'allieront et que l'accusation d'hérésie sera commodément utilisée pour mener des procès tout à fait politiques, à l'image de celui intenté aux templiers par le roi Philippe le Bel ou encore du procès de Jeanne d'Arc dont les Anglais et leurs alliés voulurent discréditer l'action qui avait permis le sacre de Charles VII en 1429. Avant même les débuts de l'Inquisition, la croisade dite « des Albigeois », lancée par le souverain capétien Louis VIII en 1226, se solde par un succès politique (la soumission au traité de Meaux-Paris, en 1229, du comte de Toulouse Raymond VII) que le roi habille de motivations religieuses anti-hérétiques : il interdit aux hérétiques convaincus l'accès aux charges publiques et confisque leurs biens. En demandant de manière constante le soutien des pouvoirs laïques et de leurs administrations dans la lutte contre l'hérésie, en introduisant jusque dans le serment du sacre le devoir moral de pourchasser les déviances religieuses, en élaborant une procédure judiciaire qui deviendra un modèle pour le règlement de tout procès politique, l'Église avait incontestablement ouvert la voie à une « union du trône et de l'autel » pleinement réalisée dans le royaume des Rois catholiques à l'époque moderne.

Montaillou, le village hérétique

En 1975, l'historien Emmanuel Le Roy Ladurie publie un ouvrage qui allait faire grand bruit non seulement auprès de la communauté universitaire mais également par un franc succès rencontré auprès du grand public. Son titre, *Montaillou village occitan*, de 1294 à 1324, se voulait révélateur de la méthode employée par son auteur afin de reconstituer la vie sociale et les croyances de cette communauté de haute Ariège sur la base des registres d'Inquisition que l'évêque de Pamiers et futur pape, Jacques Fournier, y avait tenu. La reconstitution minutieuse de tous les domaines de la vie villageoise – par l'emprunt aux méthodes de l'anthropologie et de l'ethnographie – se fondait sur le procès intenté à 31 habitants de Montaillou et de la localité voisine de Prades d'Aillou, qui permettait à l'historien de pratiquer une coupe transversale dans la société villageoise et de mettre en scène plusieurs figures hautes en couleurs, telles celle du berger Pierre Maury, du curé Pierre Clergue aux mœurs plutôt douteuses ou encore du dernier « bon homme » de la région, Guillaume Bélibaste, mort sur le bûcher en 1324. C'était aussi la vie quotidienne qui se trouvait éclairée par les témoignages des habitants, les rites liés à la jeunesse, la place des femmes, la structure des foyers domestiques, les croyances bien sûr et les mentalités. Le style alerte de l'ouvrage, bien que parfois un peu condescendant pour ces humbles, en rendait la lecture des plus agréable et instructive.

Ce livre, qui a marqué des générations d'apprentis historiens, n'a pas été pourtant exempt de toute critique, notamment méthodologique. Le cas de Montaillou est devenu emblématique d'une façon d'utiliser les sources inquisitoriales qui est aujourd'hui dépassée parce que trop peu attentive à la forme même des documents et au contexte qui avait présidé à leur fabrication. En clair, ce que l'on a reproché à Emmanuel Le Roy Ladurie c'est d'avoir pris ces témoignages au pied de la lettre, sans se rendre compte que la parole était contrainte, forcée et fortement orientée. Au fond, ce que voyait l'auteur en lisant ces confessions était ce que l'inquisiteur avait voulu entendre, ni plus ni moins, et ce qu'il interprétait comme des croyances et des pratiques ancrées dans les mentalités sur la longue durée n'était rien d'autre que le produit conjoncturel de la « construction » de l'hérésie par Jacques Fournier.

À l'heure actuelle, les historiens qui s'intéressent aux registres de l'évêque de Pamiers y lisent la manière dont les habitants de Montaillou se sont adaptés à l'Inquisition et dont ils ont pu tenter d'y résister. La forme matérielle du registre, recomposé après coup, qui ne reproduit pas les questions posées par Fournier, donne souvent l'impression de récits spontanés, et distingue les différents dossiers, incite à recouper les sources, à reconstituer les affaires concernant telle ou telle famille. On s'aperçoit ainsi que de véritables stratégies ont pu être déployées, par plusieurs membres d'une même famille et leur réseau d'alliés, afin d'établir une ligne de défense et de minimiser autant que faire se pouvait leur implication dans l'hérésie. Le registre de Jacques Fournier livre bien, ainsi, un regard sur la communauté de Montaillou ; s'il ne délivre que bien peu d'éléments sur l'intimité des foyers et des cœurs, ce sont les réactions suscitées par l'intrusion de l'Inquisition ainsi que les réseaux de solidarité ou d'inimitié qui apparaissent au grand jour, ce qui constitue le fondement essentiel de la vie villageoise.

LES LUMIÈRES
DU MOYEN ÂGE

« L'amour courtois a permis la promotion de la femme. »

Hélas ! Moi je ne peux sortir de ma tristesse
Car Amour cherche à me faire du mal
Il m'oblige à penser
À celle qui ne m'est que rigueur
Ah ! Pour trop bien aimer
Je mourrai je le sais.

Gace Brulé, seconde moitié du XIIe siècle

Le Moyen Âge a-t-il inventé l'amour courtois ? Mêlant prouesses chevaleresques et respect des dames, la courtoisie est censée, dans l'imaginaire collectif, définir la période médiévale, tout autant que la violence et l'exploitation du monde paysan par les seigneurs.

Force est de constater qu'ici encore l'imagination des romantiques du XIXe siècle est allée bon train pour forger une image idéalisée et fausse des mœurs médiévales. Car il faut, tout d'abord, s'entendre sur les termes : la « courtoisie », au sens strict, qualifie la vie et les mœurs en vigueur au sein des cours seigneuriales et princières à partir du XIIe siècle. Il s'agit de désigner un ensemble de manières de vivre et de comportements sociaux fondés sur les valeurs prônées par l'aristocratie : générosité, familiarité, tempérance, mais aussi fort sens de la hiérarchie et de la préséance. Le domaine amoureux, entendu comme l'ensemble des comportements à adopter en présence d'une dame, ne constitue que l'un des aspects de la culture de cour, aux côtés des manières de table et de l'apprentissage du métier des armes. L'expression « amour courtois » n'a, d'ailleurs, pas été forgée au Moyen Âge, mais date du XIXe siècle. Elle est née sous la plume de Gaston Paris qui évoque de la sorte le lien entre Lancelot et Guenièvre dans le roman de Chrétien de Troyes. Pour désigner le code de comportement à respecter en présence des femmes de l'aristocratie se répand dans le Midi, dans le courant du XIIe siècle, le terme *fin'amor*.

La courtoisie est la matière d'une abondante production littéraire, en langue vernaculaire, destinée au public aristocratique dès les XIIe et XIIIe siècles. La forme la plus ancienne en est la *canso*, long poème associé à de la musique, née en Aquitaine au tout début du XIIe siècle. Le duc d'Aquitaine Guillaume IX (1071-1127) est le premier troubadour à en avoir produit. On distingue, ensuite, le roman* courtois, une forme de poésie également, dont le sujet peut être puisé dans la mythologie celtique ou l'histoire ancienne. Les plus célèbres sont ceux de Chrétien de Troyes (1135-1183), attaché à la cour de Marie de Champagne, fille d'Aliénor d'Aquitaine et du roi capétien Louis VII. Ils narrent, entre autres thèmes, les amours des compagnons du roi Arthur, les chevaliers de la Table Ronde. Plus tard, une forme germanisée de ce type de littérature apparaît, connue sous le nom de *Minnesang*.

L'amour des romans est très fortement codifié, l'objectif étant d'apprendre par le divertissement aux jeunes élevés à la cour du seigneur les règles et les valeurs de leur milieu social. Sont mis en exergue certains sentiments, comme le désir, aiguisé par l'attente et les épreuves que le chevalier devra subir avant d'atteindre son but, le courage, la patience, l'humilité également. Car la dame, souvent plus âgée que son prétendant, est placée généralement hors d'atteinte : elle peut être loin, visage à peine entrevu à l'occasion d'un tournoi, ou inaccessible car déjà mariée au seigneur du jeune amant. Figure éminente, elle impose épreuves et atermoiements à son prétendant et lui enjoint discrétion et secret. Les termes utilisés par les troubadours pour qualifier la relation tissée entre le chevalier et sa dame sont empruntés au vocabulaire vassalique ; il s'agit d'accomplir un véritable service amoureux et d'imposer au jeune homme un hommage en tous points semblable à l'hommage dû au suzerain. Par ce biais, l'amour devient également didactique et l'image de la femme valorisée. Les troubadours inventent, en effet, un langage culturel nouveau dont on trouve, au XIIIe siècle, des échos jusque dans la littérature mystique pour exalter l'union avec le Christ.

Car, malgré le caractère *a priori* impossible de l'amour mis en scène dans les romans, c'est bel et bien l'union entre un homme et une femme qui est exaltée. Qu'en est-il, alors, de la place des femmes au sein des familles nobles ? Leur condition s'est-elle trouvée améliorée par ce biais ? Le médiéviste Georges Duby a montré, par l'étude des histoires des lignages aristocratiques qui commencent à être mises en forme à partir du XIe siècle, combien les femmes servaient les intérêts politiques et stratégiques des chefs de lignages, et pouvaient être considérées, bien souvent, comme de simples pions sur l'échiquier local ou régional. Partant de l'étude de cette source littéraire, le médiéviste avait voulu en tirer enseignement sur les comportements matrimoniaux au sein de l'aristocratie. Selon Georges Duby, les types de liens matrimoniaux que l'on rencontrerait dans le monde seigneurial entre le XIe et le XIIIe siècle seraient généralement hypergamiques, l'épouse apparaissant d'un rang social plus élevé que celui de son époux. L'alliance prestigieuse, avec la fille d'un comte ou d'un duc par exemple, permettrait aux lignages récents d'accroître leur patrimoine et d'acquérir gloire et renommée. À partir des années 1100 toutefois, les alliances moins prestigieuses seraient devenues plus fréquentes, car il se serait agi désormais de consolider le patrimoine acquis en accaparant les terres alentour. De même, la discipline matrimoniale des lignages se serait relâchée : tous les fils auraient pu espérer, tôt ou tard, trouver une épouse et fonder une branche collatérale du lignage principal. À l'appui de cette thèse, on constate il est vrai une certaine dégradation progressive du statut économique des femmes de l'aristocratie passé le XIIe siècle : l'évolution, en particulier, des apports patrimoniaux au moment du mariage (monétarisation de la dot, disparition du douaire* immobilier) expliquent en partie ce fait. Pour autant, si l'on s'éloigne de la littérature et du modèle idéal qu'elle crée, les actes de la pratique (testaments, documents liés à la conclusion d'une alliance matrimoniale) montrent que la prégnance des liens hypergamiques est loin d'être évidente au XIe siècle, les mariages au sein de l'aristocratie étant généralement conclus entre personnes de même statut social et de même rang nobiliaire. En réalité, comme l'a bien montré l'historien Joseph Morsel, ce que reflète la littérature généalogique, à l'image des romans courtois, est un idéal, une stratégie discursive destinée à magnifier le lignage et sa mémoire dans un but identitaire.

L'idéal de l'amour courtois améliore-t-il la condition faite aux femmes ? C'est en tout cas la thèse que défend l'historienne américaine Marilyn Yalom dans un ouvrage récent (*Comment les français ont inventé l'amour*, 2013). Pour elle, la littérature courtoise aurait entraîné une véritable réflexion sur le sentiment amoureux, dans laquelle les femmes n'auraient pas été en reste en suscitant cette émotion, voire en écrivant directement sur ce sujet, en même temps qu'elle aurait opéré un dégrossissement des mœurs chez les deux sexes. Les amants doivent dès lors se montrer « à la hauteur » des règles qu'ils ont eux mêmes posées et développer des qualités jusque-là peu mises en valeur comme la patience, la finesse et la fidélité. Enfin, l'amour devient une expérience de vie fondamentale.

On peut objecter à ce tableau un peu trop idéalisé que l'amour courtois est, précisément, un idéal littéraire avant tout, un jeu codifié destiné à divertir et éduquer les hommes, à produire un discours et des images qui serviront à distinguer l'aristocratie du reste de la société, à lui fournir une identité de classe. Convention littéraire, il engendre des codes et des clichés que l'on retrouve exprimés par le biais de différents médias culturels. Prenons l'exemple de la beauté féminine, chantée dans maints romans et poèmes : voici tout d'abord le portrait idéal de la Dame, tel qu'on le trouve brossé dans le *Roman de Silence*, poème courtois du milieu du XIIIe siècle composé par le clerc Heldris de Cornouailles. Silence, fille du comte de Cornouailles, est élevée comme un garçon alors que Nature l'a créée comme une véritable incarnation de la beauté féminine :

« Elle commence par le haut et façonne une jolie tête, qu'elle orne d'une chevelure blonde qui luit clairement dans l'obscurité de la nuit. Elle lui boucle les cheveux et, depuis la raie jusqu'aux oreilles, descend tout droit sans que son peigne ne se casse [...] Nature lui dessine et forme de petites oreilles, et des sourcils bruns, qu'elle place adroitement [...] Puis rapidement elle lui fait un visage bien lisse et bien composé, d'un teint plein de santé [...] Elle trace la bouche, crée une petite ouverture et des lèvres proportionnées, ainsi que des dents bien serrées au-dessus du menton [...]

Ensuite elle lui façonne un cou long et blanc, greffe de chaque côté des épaules bien arrondies. Elle lui fait encore des bras bien droits, de petites mains aux doigts longs, une poitrine de belle forme, des flancs minces [...] Nature lui forme encore des hanches arrondies, des cuisses tendres et bien faites, des jambes droites, des pieds aux orteils délicats. » Certes, on est éloigné par ce portrait séduisant, *a priori*, de l'image que véhiculent les clercs sur les femmes... Cependant, la prégnance de l'arrondi, du petit, du frêle, de la délicatesse est tout à fait conforme aux discours cléricaux qui mêlent biologie – la Nature – et considérations morales pour établir, depuis le haut Moyen Âge, les fondements de la faiblesse féminine. Il n'empêche, ce portrait devient un idéal social, celui de la femme aristocrate, que celle-ci va pouvoir utiliser comme un signe de son appartenance à un lignage noble, comme l'attestent de nombreux sceaux féminins du XIIIe siècle sur lesquels apparaît une figure féminine ressemblant à ce portrait dans un cadre stylisé.

Le cadre de l'amour courtois, justement, est très souvent un jardin, allégorie de l'amour et du printemps, le temps de la jeunesse. Le plus célèbre roman courtois utilisant ce procédé date du XIIIe siècle. Il s'agit du *Roman de la Rose*, une œuvre intrigante composée de deux parties bien distinctes dues à deux auteurs différents. Entre 1225 et 1240, furent écrits les 4 000 premiers vers que l'on doit à la plume d'un certain Guillaume de Lorris. Ce texte met en scène, sur le mode du songe, un héros pénétrant dans un jardin merveilleux où, blessé par les flèches d'Amour, il s'éprend de la Rose. Grâce à l'intervention de différents personnages allégoriques, il apprend les règles de l'amour courtois qui doivent lui permettre d'atteindre son objectif : donner un baiser à la Rose. De toute évidence, l'auteur a souhaité livrer par-là une véritable somme sur l'art d'aimer qui fait du *Roman de la Rose* un manuel de conquête amoureuse.

La continuation du roman, due au clerc Jean de Meung, transforme cependant radicalement l'œuvre. À la fin du XIIIe siècle, ce membre de l'Université de Paris ajoute, en effet, 18 000 vers bien éloignés des règles un peu guindées de la courtoisie. La Rose, devenue sous la plume de l'auteur une allusion à peine voilée au sexe féminin, reste l'objet de la conquête, cependant que le héros atteint son but grâce à Nature et à Vénus. La langue de l'auteur apparaît très crue, voire ordurière à l'encontre des femmes, et semble servir à exalter le plaisir et la sexualité hors mariage (« toutes pour tous et tous pour toutes ! »). Ce mode typique de la littérature satirique, qui use très souvent d'un langage grossier et scatologique, ne doit pas surprendre sous la plume d'un clerc ; ce sont en effet les moines et les prédicateurs qui ont forgé l'image de la femme associée au mal et à la souillure. Ainsi, dès le XIe siècle se répand dans une littérature destinée à l'édification des jeunes moines auxquels l'on cherche à inculquer le dégoût de la femme objet de tentation, des assimilations entre le corps féminin et un sac de fiente (sermon d'Odilon de Cluny). Pour autant, il ne faut pas non plus se méprendre sur les intentions de Jean de Meung dont l'objectif n'est pas de prôner l'amour libre ! Si son texte s'en prend au mariage, c'est pour en souligner les pièges – dus à la mauvaise nature des femmes – qui détourne l'homme vertueux du droit chemin. On rejoint là une thématique courante d'une littérature plus populaire, celle des fabliaux* et des nouvelles, qui met très souvent en scène le trio formé par la femme, le mari et l'amant pour moquer certes le cocu mais, au passage, lui délivrer aussi une leçon : mari, surveille ta femme et tiens-la constamment en bonne garde car sa nature pécheresse la poussera inévitablement à te tromper !

La critique virulente que dresse Jean de Meung du mariage et des femmes a suscité débat et controverse dès le XIVe siècle. Parmi les détracteurs du roman, on rencontre ainsi Christine de Pisan, biographe du roi Charles V et auteur de poèmes courtois. La littérature courtoise a, en effet, connu un grand succès auprès des femmes de l'aristocratie qui peuvent s'approprier ce genre de culture, bien que la femme y joue le rôle, bien souvent, de simple objet. Par ailleurs, dès le XIIe siècle, on trouve des femmes troubadours (les *trobairitz*), dont Marie de Ventadour, la comtesse de Die ou encore Marie de France. En tout, on estime qu'à peu près 1,5 % de la littérature courtoise peut émaner de femmes, soit environ 40 poèmes. Pour autant, il demeure souvent difficile d'attribuer de manière certaine ces textes courtois, dans lesquels les femmes parlent à la première personne, à une plume féminine. Les mots, les schémas de composition, les thématiques sont exactement les mêmes que dans les textes masculins, la femme semblant s'y substituer à l'homme pour en adopter les mêmes codes. Il ne faut donc pas voir là un mode de libération de la femme ni de libre expression de ses désirs et aspirations : le moule respecté est toujours celui des codes et conventions masculines, il n'y a pas d'écriture courtoise spécifiquement féminine. Christine de Pisan, qui a livré une réflexion sur sa condition d'écrivaine le dit bien, il faut « changer de sexe » pour pouvoir accéder à une certaine reconnaissance et notoriété, c'est-à-dire adopter une écriture et un comportement d'homme.

Christine de Pisan et *La Cité des Dames*

Christine de Pisan, fille du médecin-astrologue du roi de France Charles V, est la première véritable figure d'écrivaine de l'histoire du Moyen Âge occidental. Devenue veuve en 1389 à l'âge de 25 ans, elle utilisa sa plume mise au service de mécènes princiers afin de prendre part aux débats politiques et intellectuels de son temps. Elle est l'auteur ainsi d'un grand nombre d'ouvrages et de poèmes, dont une fameuse biographie du roi Charles V (*Le Livre des bons faits et bonnes mœurs du roi Charles V le Sage*) destinée à l'éducation du souverain Charles VI. Dans *La Cité des Dames* (1405), elle livre une véritable réflexion sur la condition féminine, placée dans la bouche du personnage allégorique Dame Raison au chapitre XI de l'ouvrage ; selon elle, le fait de dénier aux femmes toute rationalité, de les tenir à l'écart de toute éducation intellectuelle au nom d'une prétendue faiblesse biologique et morale, contribue à dégrader leur statut au sein de la société.

« Car si l'on voulait prétendre que les femmes ne sont pas assez intelligentes pour apprendre le droit, l'expérience prouve manifestement le contraire [...]. On a vu de nombreuses femmes, et on en trouve encore de nos jours, qui furent de très grandes philosophes et qui purent maîtriser des disciplines autrement plus difficiles et plus nobles que ne sont le droit écrit et les statuts des hommes. D'autre part, si l'on voulait affirmer que les femmes n'ont aucune disposition naturelle pour la politique et le pouvoir, je pourrais te citer l'exemple de beaucoup de femmes illustres qui ont régné par le passé. »

Pour autant, pour imposer ses écrits et sa force intellectuelle dans ce monde, il convient à la femme d'adopter un comportement masculin tant les stéréotypes et les images négatives sur le genre féminin sont ancrées dans les esprits ; il faut muter fictivement de genre en quelque sorte, comme Christine de Pisan l'affirme dans une autre de ses œuvres contemporaine de *La Cité des Dames* : le *Livre de Mutation de Fortune* (1403) :

« Je me transformais de corps et de visage
En parfait homme naturel
Et jadis, je fus une femme, de fait
Je suis un homme, je ne mens pas
Mes pas le prouvent assez »

« La nature était préservée. »

Que l'on interroge la nature ou que l'on consulte l'Écriture, elles expriment un seul et même sens, d'une façon équivalente et concordante.

Richard de Saint-Victor, *Benjamin Major*, milieu du XIIe siècle

L'idée selon laquelle le Moyen Âge serait un temps au cours duquel la nature aurait été préservée est fortement ancrée dans l'imaginaire collectif occidental. Elle tient essentiellement à une vision romantique et chrétienne des choses, issue du XIXe siècle, qui combine à la fois la nostalgie d'un temps où les ravages causés aux paysages par l'industrialisation n'avaient pas encore cours et ce que l'historien Alain Corbin nomme « l'imaginaire de la cathédrale » (*La Douceur de l'ombre. L'arbre, source d'émotions de l'Antiquité à nos jours*, 2013) qui voit dans l'art gothique, et de manière singulière dans ses plus spectaculaires réalisations que sont les cathédrales, une imitation directe de la nature et des arbres. Cette idée se développe dès la fin du XVIIIe siècle, sous la plume de Goethe par exemple ; en France, c'est Chateaubriand dans *Génie du christianisme* qui la portera à son paroxisme en imaginant les forêts de chênes de l'Europe septentrionale comme source directe d'inspiration des bâtisseurs des cathédrales gothiques. Sous le pinceau des peintres préraphaélites (le préraphaëlisme est un courant artistique né en Angleterre en 1848 qui tient la peinture italienne du XVe siècle, avant Raphaël donc, comme modèle), la forêt devient à la fois quintessence d'un milieu ambiant intact prédominant et de peurs ancestrales censées avoir gouverné les émotions médiévales. Les historiens du siècle dernier ont, à leur manière, renchéri sur cette idée en stigmatisant le « retour » de la nature qui aurait marqué la rupture entre le monde romain, dans lequel les espaces naturels cédaient le pas aux champs de céréales, et le haut Moyen Âge. Il est vrai que les crues exceptionnelles du Pô ou du Tibre au VIe siècle, ou encore les catastrophes météorologiques rapportées par Grégoire de Tours à la fin du même siècle, sont autant d'éléments attestés par l'archéologie et ayant contribué à transformer en profondeur le milieu naturel.

Si le style architectural des cathédrales a pu, effectivement, être inspiré de l'observation des arbres et des végétaux, comme le soutient l'historien Robert Bechmann (*Des arbres et des hommes*, 1984), c'est que la végétation arboricole apparaît comme structurante de l'imaginaire chrétien médiéval, en ce qu'elle est chargée de symbolisme. Ainsi en va-t-il des arbres remarquables qui peuplent le jardin d'Eden, dont l'Arbre de Vie et l'Arbre de la Connaissance, qui deviennent sources de représentations iconographiques ; la thématique de l'arbre de Jessé – le père de David dont serait issue la Vierge et donc le Christ – est omniprésente dans l'iconographie médiévale et est à l'origine, à partir de la fin du Moyen Âge, des premiers arbres généalogiques. D'une manière générale, la nature est perçue tout entière comme un espace symbolique, où peut se lire, comme dans l'Écriture, le doigt de Dieu et, en ce sens, recèle une part de sacré tout autant que de merveilleux inaccessible à l'entendement humain. Ce sera, dès lors aussi, le lieu des expériences mystiques et de l'initiation. Cette manière d'appréhender la nature se traduit, en termes de représentations, par la prédominance de la stylisation tout au long de la période ainsi que par un caractère didactique

que l'on assigne toujours à l'image. Dans le domaine artistique, on retrouve bien cette ambivalence de la nature perçue par la mentalité médiévale qui peut prendre tour à tour l'aspect d'un réservoir de monstres et de sauvagerie peuplé de figures anthropomorphes et celui d'un jardin gracieux, cadre de l'amour courtois, d'une verte prairie parsemée de millefleurs. On distingue, à partir du XIIe siècle, un courant de pensée, hérité de la philosophie grecque antique, relatif à l'observation de la « nature des choses » (*de natura rerum*) et de tout ce qui se produit dans le monde sans la volonté ou l'intervention de l'homme, tels les phénomènes naturels et météorologiques. À partir du XIIIe siècle, au moment où s'opère dans tous les domaines du savoir un mouvement qui tend à ordonner, classer, inventorier et observer, afin de mieux comprendre et posséder, la végétation et la faune peuvent donner lieu à des descriptions précises non exemptes de toute stylisation cependant, comme le montrent bien les enluminures du *Livre de chasse* du comte de Foix Gaston Fébus. La pensée scolastique traduit ainsi, par le goût de l'observation et l'attention portée au monde physique qu'elle développe, l'idée éminemment chrétienne d'une nature créée par Dieu à l'usage de l'homme. Le caractère utilitaire de ce que nous nommerions aujourd'hui les « ressources naturelles » – c'est-à-dire les éléments naturels nécessaires à la survie et aux besoins des hommes – est bien mis en valeur dans les traités d'agronomie, dont le plus célèbre est celui de l'italien Pietro de' Crescenzi, le *Liber ruralium commodorum* (le Livre des prouffitz champestres et ruraulx) rédigé au début du XIVe siècle.

Pourtant, comme le remarque le médiéviste Jean-Pierre Devroey, « l'inculte domine, ce qui ne signifie pas que l'homme doive être “dominé” par la nature : une partie de l'historiographie est biaisée par une image unilatéralement répulsive des espaces sauvages, instrumentalisée par les auteurs chrétiens. » Dans la culture et la tradition chrétiennes en effet, la nature non domestiquée, notamment la forêt qui sera le cadre le plus courant des fondations de villages neufs à partir du XIIe siècle, est potentiellement un espace dangereux, refuge du Malin, qu'il convient de mettre en valeur tout autant que d'évangéliser, comme le souligne l'abbé de Saint-Denis Suger, au milieu du XIIe siècle, à propos de la fondation du village de Vaucresson en Île-de-France :

« À Vaucresson nous avons fondé un village, nous avons construit une église et une maison et fait rompre à la charrue la terre inculte. [...] Ce lieu était en effet comme une caverne de brigands, étendu sur plus de deux milles de désert, tout-à-fait stérile pour notre église, propice aux voleurs et à leurs complices en raison de la proximité des bois. C'est pourquoi nous avons décidé que certains de nos frères y serviraient Dieu afin "que dans les repaires où jadis habitaient les dragons apparaisse la verdure du roseau et du jonc". (Isaïe XXXV, 7) »

En outre, les fouilles archéologiques ont montré que les structures de l'habitat pouvaient être desserrées, espacées par une végétation nombreuse dès avant le Ve siècle et « l'océan vert » avoir gagné les campagnes dès le Bas-Empire. Les techniques de construction de l'habitat rural du très haut Moyen Âge témoignent également d'une évolution des mentalités et de la culture qui multiplie, dès le Ve siècle, les petits établissements ruraux familiaux au détriment des grandes exploitations extensives. L'homme transforme son environnement, notamment le couvert forestier, dès le VIIIe siècle, par le biais de l'ouverture de fronts de colonisation. En Languedoc, Catalogne, mais aussi en Saxe les premiers défrichements peuvent être datés d'entre le VIIIe et le Xe siècle ; c'est également au Xe siècle que seront réalisés les premiers polders en Flandre.

L'apogée des défrichements se situe cependant durant le Moyen Âge central, entre le XIIe et le XIIIe siècle. La conquête de terres jusque-là non mises en valeur par la main de l'homme passe alors par la fondation de nouveaux villages, qui sont autant de nouvelles seigneuries, aux toponymes révélateurs, tels Beaumont, Bellechaume, Villefranche. Les investissements nécessaires à la mise en place des infrastructures des villeneuves ne peuvent se faire sans l'aide seigneuriale, voire l'association, sous la forme d'un pariage (une association), de deux seigneurs ou encore la collaboration entre un seigneur et les bourgeois d'une ville voisine, comme ce fut le cas lors de la réalisation de l'assèchement de l'étang de Montady, près de Béziers, au XIIIe siècle.

Les défrichements vont alors souvent de pair avec l'organisation institutionnelle des communautés rurales, formant des « universités », dont les statuts sont mis par écrit dès le XIIIe siècle. Ceux-ci visent à garantir les droits des villageois, notamment sur les espaces non cultivés – les communaux – qui cristallisent, dès la fin du XIIIe siècle, de vives tensions certains cherchant à se les approprier ou, tout au moins, à les exploiter à leur profit au moins pendant une partie de l'année. Ainsi, en Haute-Provence, on remarque de nombreuses tentatives destinées à s'approprier les terres communes par la pratique de l'agriculture régulière en ces lieux ou par le recours à l'élevage spéculatif, introduisant des troupeaux « étrangers » à la communauté sur le terroir et conduisant, par-là, aux dégâts occasionnés par la surcharge pastorale. Les bois sont également l'objet de toutes les attentions, tant par les ressources complémentaires qu'ils peuvent procurer aux villageois (cueillette, bois de chauffe et de construction, terrain de pacage pour le bétail) que dans l'intérêt seigneurial (réserve de chasse, revenus tirés de l'exploitation du sous-sol et des cours d'eau). En France, les terres non exploitées du domaine royal – ce qui ne veut pas dire qu'elles ne produisent aucun fruit, simplement ces productions ne sont pas dues à une culture de la main de l'homme –, qui rapportent des revenus versés au Trésor – nommés les « droits de forêt » –, sont administrées par des fonctionnaires spécifiques, les maîtres des eaux et forêts, dès le XIVe siècle. Ajoutons que le monde de la forêt est loin d'être vide de tout habitant au Moyen Âge : c'est le lieu de vie des travailleurs des bois que sont les charbonniers et exploitants des mines, c'est aussi le repaire d'une population marginalisée ou encore un lieu de refuge en cas de troubles au village.

Mais le milieu naturel est également perçu comme le miroir de la Création. En ce sens, il constitue, lorsqu'il n'est pas domestiqué par la main de l'homme, un « désert » c'est-à-dire un espace vierge de toute présence humaine, lieu de solitude et donc, par-là, espace par excellence de la rencontre avec Dieu. Ceci permet de comprendre l'état d'esprit des moines réformateurs du XIIe siècle, notamment des cisterciens, pour lesquels il ne peut y avoir d'autre installation possible qu'en dehors de tout espace déjà humanisé – au « désert », au sens mystique du terme, c'est-à-dire déserté par le Verbe. Les exemples les plus célèbres de fondations monastiques de cet ordre sont le monastère de Cîteaux fondé en 1098, ou encore la Chartreuse dans le Vercors.

La nature se fait ainsi espace initiatique, pour le moine – ou l'ermite – comme pour le chevalier : les romans de la Table Ronde, par exemple, mettent tous en scène un héros qui, pour acquérir les qualités attachées à son statut, doit au préalable traverser les épreuves de la solitude et les dangers du monde de la forêt.

Dès lors, la nature peut se révéler un monde angoissant, celui de la démesure et de la sauvagerie, de l'étrange et de l'extraordinaire au sens propre du terme. C'est le cas, notamment, du milieu marin qui cristallise l'imaginaire dès le haut Moyen Âge. La mer, c'est l'espace de la pérégrination, pour les saints irlandais du haut Moyen Âge, tel saint Colomban, mais aussi un espace initiatique, celui des premières épreuves sur le chemin de la sainteté.

Au XIIe siècle se développe un genre littéraire qui, sans être nouveau, va acquérir ses titres de gloire entre 1175 et 1275 : il s'agit d'une sorte d'encyclopédie, que l'on nomme « image du monde » (*imago mundi*). Témoins de ce que certains historiens ont appelé la « renaissance » du XIIe siècle, ces textes s'intéressent à la géographie du monde en tant que manifestation de la Création ; tout connaître du monde physique est donc, pour leurs auteurs, une manière d'approcher Dieu. L'une des plus célèbres de ces encyclopédies fut écrite par un clerc anglais, Gervais de Tilbury, au début du XIIIe siècle à l'intention de l'empereur du Saint-Empire romain germanique Otton IV. Ce sont les *Loisirs impériaux* (*Otia imperalia*) qui comportent un livre consacré aux « merveilles » que l'on peut trouver dans chaque province composant l'Empire. Ces « merveilles » ne sont autres que des phénomènes naturels qui étonnent et que l'on ne peut expliquer par les lois de la physique connues à cette époque, comme les volcans par exemple.

C'est ce même esprit, mêlant curiosité pour la nature, observation et crainte de Dieu, qui domine dans la relation des phénomènes météorologiques ou astronomiques exceptionnels et qui explique que, finalement, les hommes du Moyen Âge n'aient pas été « dominés » par la nature, perçue comme le domaine d'accomplissement du dessein divin, comme l'indique saint Augustin : « Nous ne devons pas avoir peur que les chrétiens soient plutôt ignorants en ce qui concerne la puissance et le nombre des éléments, le mouvement, l'ordre et les éclipses des corps célestes, la forme des cieux, les espèces et natures des animaux, des végétaux et des minéraux. »

Le Livre de chasse, Gaston Fébus

Le comte de Foix et vicomte de Béarn Gaston III dit Fébus, prince célébré par Jean Froissart dans ses chroniques comme le modèle du prince idéal, est l'auteur vers 1387 d'un ouvrage didactique sur la chasse – le *Livre de chasse* – dont subsistent 44 manuscrits. Cet ouvrage se veut être tout à la fois une célébration de la renommée et de la puissance du prince, ainsi qu'une œuvre que l'on pourrait qualifier de « scientifique » dans l'esprit des XIIIe et XIVe siècles, fondée sur l'observation précise des animaux que l'on chasse, de ceux avec lesquels on chasse – les chiens en l'occurrence – et des techniques de chasse. Le livre est divisé en trois parties, dont la première, passé le prologue, décrit avec force détails les animaux sauvages. Les images qui illustrent les textes dans le manuscrit 616 conservé à la BNF à Paris, sont contemporaines de l'auteur du traité ; elles sont toutes bâties sur le même modèle qui évoque les différentes espèces sous diverses postures et à divers stades de leur développement. Elles prennent également bien soin de replacer les animaux dans l'espace naturel qui est propre à chacun d'eux, même si on remarque quelques procédés de stylisation – dans le traitement de la prairie ou la gradation des teintes de vert – qui évoquent la poésie courtoise et le thème de la « reverdie ».

« C'est au Moyen Âge que l'on assiste à la naissance des universités. »

Les universités médiévales ont depuis longtemps retenu l'attention des historiens, comme une des créations les plus originales de la civilisation occidentale de cette époque.

Jacques Verger, *Les Universités au Moyen Âge*, 1973

Les universités se forment dès la seconde moitié du XIIe siècle dans la plupart des grandes villes de l'Occident. Ainsi, la première institution de ce type à voir le jour est l'université de Bologne, au nord de l'Italie, vers 1155-1158, lorsque l'empereur Frédéric Ier octroie aux maîtres et étudiants en droit de cette ville le privilège de s'organiser. Le droit est une matière particulièrement importante, non seulement dans le cursus des études au Moyen Âge mais aussi pour les autorités publiques car les juristes sont les conseillers privilégiés des princes dès le XIIe siècle. On peut même affirmer que les universitaires d'une manière générale sont, dès cette époque, les producteurs principaux de la pensée politique. Or, dans la lignée des penseurs de la Renaissance, qui considéraient le système intellectuel, né des méthodes d'enseignement et de raisonnement en usage dans les écoles médiévales – ce que l'on nomme la scolastique –, comme sclérosant et archaïque, on a longtemps estimé (et décrié) la culture médiévale dans son ensemble à l'aune de ce seul critère subjectif : dans cette querelle opposant les Anciens aux Modernes, les « scolastiques » seraient, à l'aube du XVIe siècle, les tenants d'une démarche dépassée, trop abstraite, aux antipodes de la pensée moderne et humaniste.

Pourtant, la scolastique, en tant que méthode d'acquisition des connaissances et de transmission du savoir, marque véritablement un tournant dans l'histoire intellectuelle de l'Europe en fournissant aux penseurs les outils d'une analyse du monde. Elle est également l'élément qui permet de définir, dès l'époque médiévale, la figure de l'intellectuel et lui confère une place reconnue au sein de la société.

L'origine de cette méthode – qui consiste à appliquer un raisonnement logique à une question posée en termes philosophiques afin d'aboutir à une conclusion irréfutable et donc réputée « vraie » – se trouve dans les écoles urbaines qui fleurissent dès le XIIe siècle, encouragées par la papauté qui rappelle, dans l'un des canons du concile de Latran III, en 1179, l'obligation faite à chaque évêque d'entretenir une école cathédrale. Les clercs possèdent, en effet, le monopole de la délivrance de l'autorisation à transmettre un savoir, ou en d'autres termes à ouvrir une école, ce que l'on nomme la licence (*licentia docendi*). Ainsi, c'est grâce à l'autorisation épiscopale que le célèbre maître de dialectique (autre nom de la logique) Pierre Abélard put enseigner, sur les pentes de la montagne Sainte-Geneviève, dans le Paris des années 1120-1130. L'action des papes qui, en autorisant la constitution de centres d'études (ce que l'on appelle un *studium generale*, c'est-à-dire un lieu où pourront être enseignées l'ensemble des matières composant les cycles universitaires) et en permettant à certains maîtres d'obtenir la *licentia ubique docendi*, qui désigne le droit à enseigner dans n'importe quel lieu de la chrétienté, a largement favorisé l'apparition des premières universités. Ces dernières ne doivent pas s'entendre comme un ensemble de bâtiments, mais réellement comme une institution, sans réalité physique particulière. Ainsi, contrairement à ce que l'on croit souvent, la Sorbonne, en tant que bâtiment, n'est pas l'ancêtre de l'université de Paris : le collège fondé en 1258 par un clerc de la chapelle royale, Robert de Sorbon, n'était, en effet, pas un lieu d'enseignement mais une sorte de « cité universitaire », destinée à accueillir et héberger une vingtaine d'étudiants en théologie. Il faut attendre le bas Moyen Âge pour que les collèges deviennent des lieux où est dispensé un enseignement ; or, à cette époque, l'université de Paris, devenue une institution complexe, est déjà fondée depuis longtemps.

Pour autant, le regroupement des écoles qui lui a donné naissance a réellement transformé la morphologie du quartier de la rive gauche de la Seine nommé le quartier « des écoles ». La question de la place des écoles dans la ville et du rôle que celles-ci ont pu jouer dans l'évolution de la géographie urbaine est aujourd'hui pleinement reconnue par l'historiographie. On a ainsi pu montrer récemment (Christian Hottin, *Quand la Sorbonne était peinte*, 2001) en quoi la proximité de deux abbayes – saint Victor et sainte Geneviève – avait favorisé à Paris l'implantation de l'université sur la rive gauche, comment la fonction universitaire était venue se surimposer à une fonction religieuse préexistante en ces lieux, comment également la présence d'une dense architecture religieuse avait joué le rôle de contexte propice à l'établissement des activités scolaires (les églises pouvant servir de lieux de réunion, de centres de conservation des archives, etc.). Passé le milieu du XIIIe siècle, le développement des collèges dans ce même quartier achève de transformer sa physionomie en même temps qu'ils en deviennent le principal symbole architectural. Il ne faut pas négliger non plus le rôle économique que l'université va jouer dans la ville : la masse importante des étudiants et des maîtres est une source de revenus pour les propriétaires qui peuvent leur louer un logement, ou encore pour les copistes et libraires auprès desquels ils acquièrent les textes nécessaires à leurs études.

La cohabitation avec les habitants de la ville ne va pas sans heurt d'ailleurs ; les archives urbaines ont ainsi pu conserver la trace de bagarres et autres rixes cependant que les archives des universités attestent, quant à elles, des sentiments ambivalents que peuvent ressentir les étudiants étrangers. Ainsi, à Paris, les membres de la « nation » anglo-allemande se plaignent-ils aux XIVe et XVe siècles, de l'éloignement de leurs patries d'origine, de la précarité matérielle de leur situation tant l'acheminement des revenus peut s'avérer aléatoire, du mépris dans lequel les étudiants français les tiennent, voire de la xénophobie dont ils peuvent être victime surtout à partir du XVe siècle, des difficultés de compréhension liées aux problèmes de langue enfin, car même si le latin – la langue des études – est censé être maîtrisé, la vie quotidienne requière un minimum de maîtrise du français qui ne semble pas être toujours acquise pour tous.

Les universités ne correspondent pas cependant, à l'origine, à un lieu clairement identifié ou à un ensemble de bâtiments précis. En ce sens, l'institution universitaire ne possède pas de matérialité et ne se définit pas de la sorte. Elles naissent, en effet, dès le début du XIIIe siècle (à Paris, Bologne ou Oxford, par exemple) de l'association, plus ou moins spontanée, des maîtres et des étudiants qui vont se doter de statuts – ratifiés par une autorité, voire directement donnés par la papauté, comme dans le cas de l'université de Paris, en 1215 – portant sur l'organisation du cursus, sa durée ainsi que le contenu des matières le composant. Ces associations forment ce que l'on appelle au Moyen Âge une *universitas* : le terme, que l'on peut traduire par « communauté », peut s'appliquer à de nombreux types d'associations ; il présuppose un accord, voire un serment, prêté entre ses membres qui se dotent de statuts. C'est la raison pour laquelle les historiens ont souvent comparé les universités aux autres corps de métiers qui s'organisent également dans les villes à la même époque. Il est vrai que les statuts des différentes facultés ressemblent beaucoup à ceux d'une corporation, assimilant de la sorte les universitaires au monde du travail en ce début de XIIIe siècle. On fixe notamment le temps nécessaire à l'apprentissage de chaque matière (il est de 6 ans, par exemple, pour le *trivium**, que l'on peut étudier dès l'âge de 14 ans, mais de 15 ans pour la théologie), les modes d'obtention des grades universitaires (le baccalauréat et la licence qui confère le statut de maître), ainsi que l'ensemble des textes qui devront servir de référence. L'étudiant devra les connaître très précisément, dans leur sens littéral et grammatical (c'est l'objet du premier exercice universitaire, que l'on nomme la « lecture » – la *lectio*), pour en dégager un certain nombre de « questions » (les *quaestiones*) consistant en autant de problèmes pouvant être résolus par l'argumentation logique (la *disputatio*). Car la base de tout savoir au Moyen Âge, on peut même dire de toute science, repose sur la démonstration appuyée sur la logique et considérée, de ce fait, comme infaillible.

Les matières sont regroupées en deux cycles formant, pour le premier d'entre eux, les arts libéraux* que l'on distingue des trois facultés considérées comme supérieures, formant le second cycle, que sont la médecine, les droits civil et canon et la théologie. Les arts libéraux concernent sept matières, regroupées en deux ensembles, une division héritée du philosophe Boèce (480-524) : il s'agit du *tri-*

vium (grammaire latine, rhétorique et logique) et du *quadrivium** (arithmétique, musique, géométrie et astronomie). Deux matières sont plus particulièrement sujettes à contrôle, de la part de la papauté notamment, en ce qu'elles peuvent éventuellement conduire à l'hérésie* selon le type de textes sur lequel se fonde leur enseignement. Il s'agit des arts libéraux portant sur ce que l'on nomme à l'époque la « philosophie naturelle », c'est-à-dire la connaissance du monde physique. Or, les traductions commentées des textes du philosophe antique Aristote sur le sujet, notamment celles dues à la plume du musulman Averroès, sont connues en Occident dès la fin du XIIe siècle. Celles-ci contiennent des éléments de réflexion concernant la physique ainsi que les lois de la nature qui peuvent être interprétées comme des pensées hérétiques. La théologie – ou « science de Dieu » mot à mot – est également une matière qui retient l'attention des autorités en raison de son poids important dans l'élaboration du dogme. On l'apprend dans la Bible et sa glose, les textes patristiques (des Pères de l'Église), mais aussi les sommes théologiques, sorte de manuels résumant l'ensemble des connaissances en la matière, telle celle de saint Thomas d'Aquin rédigée dans les années 1270.

Le terme « université » revêt, on l'a dit, un sens très large au Moyen Âge, puisqu'il ne désigne pas uniquement l'association des maîtres et des étudiants mais toute communauté dotée de statuts. En ce sens, les universitaires, ou gens d'école comme on les nomme à l'époque (les *scolares*), forment un milieu à part entière, que l'historien Jacques Le Goff identifie aux premiers intellectuels. Plus précisément, on peut assimiler ce groupe à un ensemble de « communautés de savoir » (Constant J. Mews), chaque école pouvant se doter, au moins au XIIIe siècle, d'un programme spécifique de recherche et poursuivre un idéal d'autonomie intellectuelle. Ainsi, la condamnation en 1277 par l'évêque de Paris Étienne Tempier des 219 « erreurs » contenues dans certaines interprétations des textes d'Aristote se rapportant à la philosophie naturelle, qu'il accuse certains maîtres ès arts de diffuser par le biais de leur enseignement (tel Sigert de Brabant), peut-elle être interprétée comme une tentative de brider le développement d'un savoir autonome à la faculté des arts qui ne serait pas directement « inféodé » à la théologie.

Les possesseurs du savoir et de sa transmission se considèrent, pourtant, comme possédant une utilité sociale légitime. Les débouchés « professionnels », comme on dirait aujourd'hui, semblent *a priori* nombreux pour celui qui a fait des études supérieures, car il a acquis une réelle compétence en matière intellectuelle et technique : écriture (secrétaire, notaire, voire chancelier), enseignement (maître d'école ou maître d'université), tâches liées à la connaissance et au maniement du droit (juge, procureur, avocat, mais aussi fonctionnaire auprès d'un prince, de l'Église ou d'une communauté), sans parler de la prédication, pour les théologiens, et du soin des corps pour les médecins. L'intellectuel, c'est-à-dire celui qui fait profession de l'usage des connaissances et de la parole, n'est pas considéré comme un inutile dans la société du bas Moyen Âge ; et même plus : « l'idée d'une culture désintéressée, n'ayant d'autres fins que l'épanouissement de la personnalité et la jouissance pure du savoir pour lui-même, était étrangère aux intellectuels de ce temps » (J. Verger, *Les Gens de savoir dans l'Europe de la fin du Moyen Âge*, 1997). Le prédicateur Jean Gerson ne dit pas autre chose, au début du XVe siècle : « Que vouldroit science sans operacion ? On ne aprent pas seulement pour scavoir, mais pour monstrer et ouvrer. » C'est, d'ailleurs, précisément cet aspect utilitaire de la culture savante, au détriment du plaisir et de l'esthétique, qui sera reproché aux gens du Moyen Âge par les penseurs de la Renaissance, même si le savoir et les grades universitaires seuls ne suffisent généralement pas à l'obtention de postes.

À la fin du Moyen Âge, les universitaires vont être mis à contribution par le pouvoir politique, non seulement par l'exercice de charges administratives mais, bel et bien, par leur participation à l'élaboration d'une idéologie souveraine. « L'université est un élément, un acteur et un lieu de la vie politique du Moyen Âge », écrit Alain de Libéra, spécialiste de philosophie médiévale, une remarque que l'on peut appliquer aussi bien au pouvoir de l'Église (après tout, les universitaires ne sont-ils pas censés conforter l'orthodoxie* et permettre une meilleure administration de l'institution ecclésiastique ?) qu'à celui des princes laïques. Cela explique que tous les puissants en Europe se soient, d'ailleurs, préoccupés de fonder des universités dans leur territoire, à l'image de l'empereur Frédéric II qui, dès 1224, instaure un centre d'études à Naples, orienté vers le droit. Celui-ci se trouvera revivifié à la fin du XIIIe siècle par les souverains angevins. En France, c'est avec le règne de Charles V, au milieu du XIVe siècle, que la faveur des universitaires se développe. Ce souverain mène en effet, à partir des années 1370, une véritable politique culturelle qui passe, notamment, par la commande de traductions du latin en français d'un grand nombre d'ouvrages de science politique, tel l'ensemble des textes d'Aristote connu sous le titre de *La Politique*. Charles V considère que la culture et la maîtrise de connaissances acquises dans des domaines variés sont les fondements du métier de roi. Autour de ce souverain gravite ainsi un milieu intellectuel qui compte nombre d'universitaires. En 1389, dans son *Songe du Vieux Pèlerin*, Philippe de Mézières, le précepteur du successeur de Charles V, ira même jusqu'à considérer que les « intellectuels » – qu'il assimile avant tout aux juristes – constituent un groupe intermédiaire au sein de la société, placés immédiatement en dessous des clercs et des nobles mais au dessus du peuple. Car en cette fin de XIVe siècle, la science politique naissante à la cour de France passe par une réflexion savante sur les rapports entre pouvoir spirituel – c'est-à-dire celui du pape – et pouvoir temporel. Si Charles V n'ose affirmer la supériorité de son autorité sur celle du souverain pontife, le contexte est bel et bien celui d'un renforcement du pouvoir du roi et d'une affirmation des sources de son autorité qui repose sur la pensée politique produite par les universitaires, juristes notamment. On retrouve ce trait de mentalité ailleurs en Occident, comme dans l'Empire où, au début du XIVe siècle, Marsile de Padoue, ancien recteur de l'université de Paris puis vicaire impérial en Italie, rédige un traité politique – *Le Défenseur de la Paix* – en s'inspirant de la figure politique de l'empereur Louis de Bavière.

Du conseil à l'entrée directe en politique, il n'y avait qu'un pas qui fut franchi par l'université de Paris, au XVe siècle. Ainsi, lors des troubles liés à la guerre civile qui opposa Armagnacs et Bourguignons, après l'assassinat du duc d'Orléans commandité par son cousin, le duc de Bourgogne, Jean Sans Peur, l'université devient un instrument entre les mains du camp anglo-bourguignon qui occupe Paris dans les années 1420-1430, servant de caution intellectuelle aux actes politiques, telle l'arrestation de Jeanne d'Arc que l'université de Paris approuve. Le meurtre de Louis d'Orléans, en novembre 1407, est même justifié par le biais de deux traités qui empruntent leur argumentation à la procédure judiciaire ; leur auteur est un théologien membre de l'université de Paris, Jean Petit. Ses thèses seront condamnées en 1413 lors d'un concile de foi tenu à Paris. Ces traités sont les premiers exemples de justification de l'usage du meurtre politique.

L'université est, ainsi, le lieu où s'élabore au bas Moyen Âge, grâce précisément aux méthodes de la scolastique, une véritable science du gouvernement, où se forment également les officiers* porteurs de l'idéal de réforme de l'État, ce que Jacques Verger assimile à l'avènement d'une « technocratie universitaire ». Cet infléchissement des objectifs assignés à l'université se comprend par le contexte qui l'instaure : dotée à l'origine de privilèges par la papauté afin de la soustraire à l'influence laïque, l'université de Paris – pour reprendre une dernière fois cet exemple – se voit privée de tous ses avantages au XVe siècle (privilège fiscal, judiciaire, droit de grève) et ses membres contraints de prêter un serment de fidélité au souverain, une évolution qui témoigne bien des transformations de cette institution et des finalités du savoir qui y est produit, désormais fortement lié au service de l'autorité souveraine. Mais, en même temps, les universitaires acquièrent aussi par là prestige et reconnaissance de leur utilité sociale par l'obtention des plus hautes charges administratives au sein des États ; ils intègrent ainsi pleinement le monde des classes dirigeantes.

« Le Moyen Âge est l'époque des bâtisseurs de cathédrales. »

Les cathédrales de nos grands maîtres, dentelles de pierres aux immenses clochers, les monastères aux magnifiques sculptures, aux baies immenses, rutilantes de gemmes aux dessins colorés sont, évidemment, édifices de luxe.

Fernand Pouillon, *Les Pierres sauvages*, 1964

La cathédrale représente le symbole de la ville médiévale et force l'admiration tant par les prouesses techniques sur lesquelles repose la construction de ces églises que par la beauté des édifices. Certaines, classées au Patrimoine mondial de l'humanité, sont considérées comme des chefs-d'œuvre de l'art médiéval, à l'image de celles de Chartres, de Reims ou de Strasbourg. Véritable chantier ouvert en plein cœur de la ville, la cathédrale doit, en premier lieu, son importance au rôle joué par l'évêque, dont elle représente le siège. Sa construction nécessite, également, la mobilisation de ressources venues de la campagne proche, sous la forme de matériaux de construction, tels le bois ou les pierres voire la brique, mais aussi de revenus financiers, les dîmes* perçues dans les villages formant la seigneurie de l'évêque ayant souvent permis d'alimenter les besoins du chantier. Ce dernier, placé sous la houlette de maîtres d'œuvre, emploie un nombre important d'artisans organisés en une stricte hiérarchie de métiers.

À la fin du XIe siècle, la papauté, prenant conscience des trop fortes imbrications existant entre le monde laïc et celui des clercs, décide de réformer l'Église. Ce mouvement, pris sur l'initiative du pape

Grégoire VII qui lui a laissé son nom – la réforme grégorienne – conduit à exalter la figure et la mission de l'évêque, dont la fonction apparaît définie dès les premiers temps du christianisme. Son église, la cathédrale, devient ainsi bien vite la paroisse principale de la ville, celle des notables et des élites. Mais c'est aussi le symbole de la communauté, « la maison du peuple citadin » pour reprendre l'expression de Georges Duby, sa construction mobilisant, sous une forme ou sous une autre, énergies et ressources collectives. Ainsi, à Chartres, les vitraux qui ornent les baies de la cathédrale ont-ils été financés par les différents corps de métiers de la ville dont les gestes quotidiens ont servi de thèmes d'inspiration aux maîtres verriers. Ces vitraux répondent à la polychromie des murs à l'intérieur de l'édifice en un effet de continuum coloré qui joue avec la lumière. À l'extérieur, les peintures rehaussent les sculptures qui s'intègrent parfaitement dans le contexte architectural de la rue.

L'évêque représente le principal maître d'œuvre d'une cathédrale, secondé par le chapitre* cathédral et son doyen. Successeur des Apôtres, l'évêque est l'autorité morale de référence, en charge du contrôle des croyances, de la délivrance des sacrements, du rendu de la justice sur les clercs de son diocèse, mais aussi remplissant une mission d'éducation, par le biais de l'école qu'abrite la cathédrale. C'est, ainsi, sous son autorité que sont passés les contrats d'embauche avec les maîtres d'ouvrage qui dirigeront le chantier. L'évêque imprègne également sa marque par le style donné à la construction qui relève tout autant de sa responsabilité. Ainsi, en Angleterre, le chroniqueur Guillaume de Malmesbury rapporte, au début du XIIe siècle, comment l'évêque Roger de Salisbury, d'origine normande, importa sur l'île les techniques de construction de sa région, mises en œuvre lors de l'édification de la cathédrale de Salisbury : « Il fit bâtir à Malmesbury des édifices de grandes dimensions [...] dont l'appareillage avait été réalisé avec une telle précision que l'ajustement des pierres frappait le regard et donnait l'illusion que toute la maçonnerie ne constituait qu'une seule et unique pierre. Quant à l'église de Salisbury, il la fit rénover et enrichir d'une décoration telle qu'elle ne le cède à aucune autre en Angleterre. »

Les cathédrales des XIIe et XIIIe siècles témoignent également de l'évolution de l'architecture ecclésiastique, traduisant en termes de pierres ou de briques les élans de la spiritualité grégorienne. Ainsi l'art roman, apparu au cours du XIe siècle, permet-il la circulation des fidèles dans l'édifice par la présence d'un déambulatoire et l'ouverture des bras du transept. La ferveur du culte des saints se marque, également, par la multiplication des chapelles rayonnantes autour de l'abside. L'architecture de la cathédrale romane, à l'image de la basilique Saint Trophime d'Arles, allie la simplicité, l'harmonie des formes et l'élévation symbolique vers le ciel par l'usage de la voûte en berceau et d'un décor sculpté sur les chapiteaux des colonnes à motifs végétaux inspirés de l'Antiquité. Les cathédrales gothiques, quant à elles, dont le style s'épanouit en Europe entre 1160 et les années 1280, se définissent aussi par des caractéristiques stylistiques propres : il s'agit de montrer de façon symbolique l'élan vers Dieu et la lumière que porte la réforme en élevant les murs de l'édifice jusqu'à des hauteurs vertigineuses, de permettre l'entrée à flots de la lumière diurne par le percement de fenêtres ornées de vitraux. Ces objectifs sont atteints grâce à la mise en œuvre de nouvelles techniques : l'arc brisé et la croisée d'ogives remplacent la voûte en berceau, les tribunes et les arcs-boutants extérieurs permettent de soutenir les murs. Malgré ces prouesses techniques on ne se trouve, cependant, pas à l'abri de quelques accidents, tel celui qui survint à Beauvais le 28 novembre 1284, lorsque la voûte du chœur s'écroula. Elle culminait, il est vrai, à quelque 48 mètres de hauteur, un record en même temps qu'une limite manifeste des capacités techniques de l'art gothique.

Le chantier d'une cathédrale est animé par un ensemble de métiers dont la plupart sont payés à la tâche ou à la journée. Au sommet de la hiérarchie des métiers concernés, on trouve l'architecte, ou maître d'ouvrage, chargé de trouver les voies pour traduire dans la pierre les désirs de celui qui l'a embauché. S'il n'existe pas de manuel de construction avant la fin du XVe siècle (le premier est dû à Mathieu Roriczer, maître d'œuvre de la cathédrale de Ratisbonne en Bavière, et date de 1486), on connaît les techniques mises en œuvre au Moyen Âge grâce à un document exceptionnel : il s'agit de la série de dessins réalisés à partir des années 1220-1230 par Villard de Honnecourt, amateur curieux et éclairé, qui présente dans son ouvrage « des conseils de construction, de la maçonnerie, des engins de charpenterie, l'art de la portraiture, les dessins comme l'art de la géométrie ». Ces dessins n'ont, sans doute, pas été réalisés d'après l'observation directe mais sont reproduits à partir des documents de travail que les architectes ont pu lui fournir.

L'architecte est avant tout un expert de la pierre, tout comme les tailleurs de pierre dont la fonction est essentielle. La technique de la taille permet, en effet, d'ajuster les pierres et de rendre les joints invisibles. La beauté de l'édifice et la forte impression qu'il peut produire sur celui qui le contemple provient en grande partie de cet aspect lisse et net des murs. La maîtrise de la technicité du geste représente, de ce fait, la fierté du métier, chaque artisan apposant sa marque personnelle sur les pierres qu'il a travaillées. Les règles du métier sont apprises auprès d'un maître qui emploie, également, quelques salariés nommés compagnons. Pour devenir, à leur tour, maître, il leur faudra accomplir un chef-d'œuvre c'est-à-dire faire la preuve, en réalisant un ouvrage, de leur maîtrise de toutes les techniques du métier. La tradition du tour de France n'est cependant pas médiévale, de même que la franc-maçonnerie, qui se revendique des compagnons, n'est pas née non plus à cette époque : elle fut créée en Angleterre au début du XVIIIe siècle.

Ces hommes ne sont pas, contrairement à ce que l'on pourrait croire, uniquement issus de la ville. La recherche de carrières de pierre, dès le XIe siècle, peut, en effet, entraîner des coûts d'exploitation et de transport importants. Ainsi, les pierres utilisées pour la construction de la cathédrale de Cambrai provinrent, au début du XIe siècle, d'une carrière située à 10 km de la ville. Pour réduire les frais de transport, les pierres furent dégrossies, voire taillées directement en carrière, soit par des tailleurs venus de la ville, soit directement par les ruraux dont les fonctions et les statuts peuvent varier selon les saisons et la tâche accomplie. Ainsi, à Caromb, près d'Avignon, les carriers, que le médiéviste Philippe Bernardi a étudié à partir de sources fiscales notamment, ne sont pas des citadins mais bien des artisans ruraux, paysans tout autant que tailleurs de pierre. Les carriers de Caromb n'en ont pas moins fourni tous les grands chantiers de Carpentras au bas Moyen Âge.

Ainsi les cathédrales, symboles par excellence de l'emprise de l'Église sur la ville, n'auraient pu voir le jour sans l'étroite imbrication qui existe entre monde urbain et campagne. On peut même considérer qu'elles sont une conséquence directe de l'essor, tant démographique qu'économique, qui touche le monde rural à partir du XIe siècle.

L'imaginaire de la cathédrale

Georges Duby, dans la préface à son ouvrage *L'Europe au Moyen Âge*, évoque ce qui fut l'un des fils conducteurs majeurs de sa méthode historique : donner à voir le rapport entre l'art et la société, « ce qui relie les formations sociales aux formations culturelles, le matériel à ce qui ne l'est pas, le réel à l'imaginaire. » *Le Temps des cathédrales* fut le titre qu'il donna à ce projet devenu livre en 1974 puis série télévisée au début des années 1980.

Plaçant au cœur de son propos trois symboles caractéristiques de l'architecture monumentale médiévale – le monastère, la cathédrale, le palais –, G. Duby développe en regard de ces chefs-d'œuvre un discours sur le contexte social et culturel des Xe-XVe siècles qui les vit naître, afin que la beauté éclatante de ces édifices ne fasse pas oublier l'essentiel aux yeux du célèbre médiéviste : la condition humaine de ces siècles lointains, souvent tissée de tragique.

La cathédrale est bel et bien dans l'imaginaire collectif le symbole majeur de l'art médiéval occidental, le chef-d'œuvre par excellence dont les prouesses techniques qui l'ont engendrée laissent pantois. Elle est le symbole de la ville et de l'Église, de l'autorité qui ordonne le labeur, l'alliance parfaite de la forme et de la matière. Il n'est pas surprenant dès lors que la cathédrale ait stimulé l'imagination des écrivains, qui l'ont volontiers campée comme un personnage à part entière, de Victor Hugo dans *Notre Dame de Paris* à Ken Follett et ses *Piliers de la Terre*, des peintres à l'image de Monet et de sa série sur la cathédrale de Rouen ou encore des artistes plasticiens contemporains qui créent des cathédrales végétales.

Mais la cathédrale est aussi une leçon d'architecture qui, au XXe siècle, joua le rôle de stimulus du discours produit par les architectes sur leur rôle social dans le monde qui les entourait.

Ainsi Le Corbusier (1887-1965), ayant entrepris un voyage aux États-Unis en 1935, en livra ses impressions dans un essai paru deux ans plus tard au titre évocateur : *Quand les cathédrales étaient blanches*. En préface à cette réflexion sur l'architecture contemporaine, il écrivait : « Quand les cathédrales étaient blanches, l'univers était soulevé tout entier par une immense foi dans l'action, l'avenir et la création harmonieuse d'une civilisation. » La blancheur supposée des cathédrales à peine sorties de terre devenait pour lui le symbole d'une société dont les forces économiques, culturelles et techniques avaient permis l'apparition des « gratte-ciel de Dieu », c'est-à-dire de formes architecturales nouvelles et audacieuses, annonciatrices d'un monde en renouveau. La blancheur devenait, sous la plume de l'architecte, la métaphore du dynamisme d'une société créative, en essor sur tous les plans.

La cathédrale est aussi un symbole du patrimoine historique dans la conscience collective, sur lequel peuvent se cristalliser des débats passionnés. La question de la préservation et de la restauration de ces édifices, à la suite des destructions engendrées par les guerres ou pour pallier les ravages du temps, agite les esprits depuis la fin du XVIIIe siècle. Les restaurations, qui s'assimilaient plutôt à des re-créations, d'Eugène Viollet-le-Duc (1814-1879) ont engendré très tôt de vives critiques. Viollet-le-Duc, qui occupa de 1853 à 1874 le poste d'inspecteur général des édifices diocésains au sein de la Commission des Monuments historiques, livre dans son *Dictionnaire raisonné sur l'architecture française du XIe au XVIe siècle*, une définition très personnelle de l'art de la restauration qu'il assimile à la recherche de la structure interne logique – l'unité de style – propre à chaque édifice : « restaurer un édifice, ce n'est pas l'entretenir, le réparer ou le refaire, c'est le rétablir dans un état complet qui peut n'avoir jamais existé à un moment donné. » Ces principes guident les restaurations qu'il entreprend à Notre Dame de Paris, à la cathédrale d'Amiens ou encore à la basilique Saint-Sernin de Toulouse. Le cas de cette basilique a ressurgi dans l'actualité à la fin des années 1980, révélant au passage la place prise désormais sur la scène publique par les questions de mémoire, d'identité et les enjeux politiques et culturels qui les sous-tendent. En 1989, à l'occasion d'un débat ouvert sur la nécessaire restauration de l'édifice, une polémique s'élève à propos des choix à adopter en la matière – faut-il respecter les modifications apportées par Viollet-le-Duc ou tenter de retrouver les caractéristiques de l'édifice tel qu'il devait se présenter au Moyen Âge ? – et passionne l'opinion publique toulousaine. Le journaliste Léon Pressouyre, dans un article paru en février 1990 dans le quotidien *Le Figaro*, en résumait de manière un peu orientée les enjeux politiques et mémoriels : « [...] Le Moyen Âge de synthèse de Saint-Sernin [à l'époque de Viollet-le-Duc] imposait, comme une leçon politique et doctrinale, son scientisme péremptoire à l'hérésie d'un gothique languedocien qui, selon les puristes d'alors, n'aurait jamais dû exister. [...] en 1990, Saint-Sernin peut difficilement passer pour un monument clé du XIXe siècle [...] L'état Viollet-le-Duc, mieux articulé à la carrière de l'architecte qu'à l'histoire de son temps, pourrait en définitive n'avoir été qu'une parenthèse instructive, mais non indispensable, dans la vie de l'édifice. »

Au delà de la polémique sur la valeur des restaurations de Viollet-le-Duc, que chacun est libre d'apprécier comme il l'entend, le débat autour de Saint-Sernin souligne bien une question commune à de nombreux monuments historiques ayant fait l'objet de restaurations : sont-ce toujours des monuments médiévaux ? que veut-on conserver à travers eux ? où se situe la valeur historique d'un monument qui a pu perdre ses caractères originels au fil du temps ?

C'est là toute la difficulté de concilier histoire et mémoire, dont les enjeux peuvent être divergents, voire antagonistes.

Conclusion

Se débarrasser de ses aprioris sur une période que l'on croit connaître parce que le langage courant en a détourné le nom pour désigner tout ce qui est suranné, voire décadent, tel était l'enjeu de cet ouvrage. C'est un exercice certes difficile tant les idées reçues sur le Moyen Âge ont la vie dure depuis l'époque moderne, au grand désespoir des médiévistes qui enseignent et étudient avec passion cette période.

Car, enfin, est-il encore utile, aujourd'hui, de publier un livre concernant les idées reçues sur le Moyen Âge ? D'illustres médiévistes s'y sont déjà essayés, depuis une trentaine d'années, et la période est régulièrement réhabilitée, si l'on en croit les titres des revues de vulgarisation. Et pourtant, le Moyen Âge a toujours mauvaise réputation ! Il suffit, pour s'en convaincre, de faire un rapide sondage dans son entourage. Les émissions télévisuelles proposées par des chaînes culturelles considérées comme sérieuses, à l'image d'Arte, ne sont, elles-mêmes, pas toujours exemptes de poncifs.

Le problème est, en fait, d'ordre culturel : donner une fausse image du Moyen Âge, le décrire globalement comme une période sombre et barbare peut, certes, ne pas sembler prêter à conséquence ; après tout, il s'agit d'une période si éloignée dans le temps que personne ne peut s'en offusquer. Surtout, la plupart des poncifs qui traînent dans la mémoire collective remontent, on l'a vu, au XIXe siècle et font partie d'une culture nationale commune. En ce sens, ils sont bien plus les témoins d'une époque, fondamentale dans la construction de la République française et de ses idéaux, que connaissances véritables sur le

Moyen Âge. Vue à travers le prisme de la Révolution française, sous la plume de Jules Michelet par exemple, des luttes entre royalistes et républicains, de la construction de la Nation, la période médiévale est ainsi devenue « lieu de mémoire », repoussoir pour les uns, creuset des valeurs traditionnelles pour les autres, construction idéologique pour tous, où l'on puise modèles et inspiration. À ce titre, la figure de Clovis, exaltée par l'Église de France en 1896, lors de la première commémoration officielle du baptême du Mérovingien, trouve son pendant, au XIXe siècle, dans celle de Jeanne d'Arc, tour à tour récupérée par les libéraux et les conservateurs. Au XXe siècle, grâce aux travaux de médiévistes de renom, tel Georges Duby, le Moyen Âge est devenu plus familier du grand public et de nombreux champs de son histoire, politique, culturelle, religieuse, sont désormais accessibles à tous. Si les débats idéologiques existent toujours, ils se sont policés et ne concernent plus que le petit monde des universitaires.

Mais c'est bien une société entière, ses fondements et ses dynamiques que l'on méconnaît de la sorte. La faculté de juger et d'interpréter appartient, il est vrai, à chacun, mais le travail de l'historien consiste, précisément, à fournir les outils nécessaires à la compréhension des faits et des structures sociales passés, à dire la « vérité », au sens de rendre intelligible le passé. Libre à chacun, ensuite, de se forger sa propre opinion, à condition, toutefois, de s'être au préalable suffisamment et correctement informé.

ANNEXES

Glossaire

Alleu : Terre soumise à aucune redevance ni charge seigneuriale.

Apostasie : Renoncement à la foi catholique.

Arts libéraux : Ensemble de sept matières formant le premier cycle des études supérieures. On distingue le *trivium* (grammaire, rhétorique, dialectique) du *quadrivium* (arithmétique, géométrie, astronomie, musique).

Banal : Relatif au ban d'origine publique, le pouvoir de commander, contraindre et punir.

Béguines : Communautés religieuses féminines apparues au XIIIe siècle en Flandre. Les béguines sont des laïques qui vivent selon une règle ascétique en ville et vouent leur existence à la charité. Bien que ne relevant d'aucun ordre religieux, elles sont placées sous l'autorité des frères mendiants.

Capitulaire : Texte de loi carolingien divisé en chapitres.

Chapitre : Groupe de chanoines. Le chapitre cathédral regroupe les chanoines attachés au service d'une cathédrale.

Cilice : vêtement ou ceinture d'étoffe rugueuse portée à même la peau dans un objectif de mortification.

Comput : Calcul de la date des fêtes liturgiques mobiles, comme Pâques.

Dîme : Impôt d'1/10e payable à l'Église ; obligatoire depuis 779.

Douaire : Dotation accordée par le fiancé à sa promise.

Eschatologie : Doctrine concernant la fin des temps et le sort ultime de l'homme.

Exemplum (*exempla* au pluriel) : Petite histoire morale insérée dans le cours d'un sermon afin de servir d'illustration au message qu'entend faire passer le prédicateur à son auditoire.

Fabliau : Petite histoire satirique en langue vernaculaire. Le genre se développe au XIIIe siècle.

Glèbe : Champ cultivé, synonyme de « terre » dans l'expression « serf de la glèbe ».

Hérésie : Doctrine chrétienne jugée déviante par l'Église car non conforme au dogme établi par les conciles.

Inquisition : Tribunal ecclésiastique de lutte contre les hérésies* créé entre 1229 et 1232.

Millénarisme : Croyance en un règne terrestre eschatologique* du Messie censé devoir durer mille ans.

Officier : Fonctionnaire.

Ordonnance : Texte de loi de portée générale.

Orthodoxie : Au sens propre, ce qui est conforme à la foi « droite » ; à partir de 1054 l'adjectif « orthodoxe » désigne l'Église chrétienne orientale.

Quadrivium : voir Arts libéraux.

Roman : poème en langue romane.

Sacre : onction d'huile effectuée par un clerc, évêque ou pape, par laquelle un souverain acquiert un lien particulier avec Dieu.

Scriptorium : atelier de copie et de production de manuscrits d'un monastère.

Temporel : ensemble des biens immobiliers relevant d'un établissement ecclésiastique.

Tenure : parcelle de terre ou bâtiment loué à un tenancier par un seigneur. Le bail de location est perpétuel et porte mention du montant du loyer ainsi que des taxes de mutation.

Trivium : voir Arts libéraux.

Pour aller plus loin

Pour une première approche du Moyen Âge et de sa civilisation, deux classiques très clairs et élégamment écrits : *La Société féodale* de M. Bloch (Paris, Le Seuil, 1968, rééd. Albin Michel, 1994), *Histoire de la civilisation française* de G. Duby et R. Mandrou (Paris, Armand Colin, coll. « U », 1968, Le Livre de poche, 1997), ainsi qu'un petit essai très agréable et pertinent : *L'Idée de Moyen Âge. Entre sens commun et pratique historique* de G. Sergi (Paris, Flammarion, coll. « Champs », 2000). La récente traduction française de l'ouvrage de Arsenio et Chiara Frugoni, *Une journée au Moyen Âge* (Paris, Les Belles Lettres, 2013) est également une façon très agréable d'aborder cette période ; il repose sur une certaine forme d'écriture historique qui consiste à donner à voir et à raconter le Moyen Âge en le faisant revivre « comme si on y était », très prisée du public. Pour aborder la période de manière humoristique, on se reportera à *Le Poivre, moteur de l'histoire*, de C. M. Cipolla (pour la traduction française : Paris, Balland, 1992).

On peut ensuite poursuivre par des synthèses, illustrées : *Le Monde médiéval*, R. Bartlett (dir.) (Paris, éditions du Rocher, 2002), *Histoire du monde au* XVe *siècle*, P. Boucheron (dir.) (Paris, Fayard, 2009), *Le Moyen Âge en lumière*, J. Dalarun (dir.) (Paris, Fayard, 2002), *La Vie au Moyen Âge*, R. Delort (Paris, Le Seuil, 1982) ; ou sans illustrations : *La Civilisation féodale*, de J. Baschet (Paris, Aubier, 2004, rééd. Flammarion, 2009), *Introduction à l'histoire de l'Occident médiéval*, de C. Vincent (Paris, Le Livre de poche, 1995) ; ainsi que par des dictionnaires encyclopédiques et atlas spécialisés : *Dictionnaire du Moyen Âge*, C. Gauvard, A. de Libera, M. Zink (dir.) (Paris, PUF, 2004 [2002]), *Dictionnaire raisonné de l'Occident médiéval*, J. Le Goff, J.-C. Schmitt (dir.) (Paris, Fayard, 1999), *Le Monde au Moyen Âge*, B. Merdrignac, P. Mérienne (Rennes, éditions Ouest-France, 2014 [2000]).

Si l'on s'intéresse plus particulièrement à l'histoire de France, on consultera avec profit trois manuels *Histoire de la France : origines et premier essor 480-1180*, R. Le Jan (Paris, Hachette, 1996), *Histoire de la France* (1180-XVe siècle), J. Kerhervé (Paris, Hachette, 1998), *La France au Moyen Âge*, C. Gauvard (Paris, PUF, coll. « Quadrige », 2004) ; ainsi qu'un essai sur l'histoire politique : *Le Moyen Âge. Le roi, l'Église, les grands, le peuple 481-1514*, Ph. Contamine (dir.) (Paris, Le Seuil, 2002). On se reportera également aux excellents ouvrages parus chez Belin, dans la coll. « Histoire de France » dirigée par Joël Cornette, notamment *La France de la guerre de Cent Ans*, de B. Bove (2009), *Féodalités*, de F. Mazel (2010), *La France avant la France*, de G. Bührer-Thierry et C. Mériaux (2010).

Pour une approche des mentalités médiévales, quelques titres généraux : *Pour un autre Moyen Âge*, J. Le Goff (Paris, Gallimard, 1991 [1977]), *L'Homme médiéval*, J. Le Goff (Paris, Le Seuil, coll. « Point-Histoire », 1994 [1989]), *Mentalités médiévales*, H. Martin (Paris, PUF, coll. « Nouvelle Clio », 1998 (tome I) et 2001 (tome II)).

Sur les aspects religieux, on consultera : *Le Temps des cathédrales, l'art et la société, 980-1420*, G. Duby (Paris, Gallimard, 1995), *Les Fausses Terreurs de l'an*

Mil, S. Gouguenheim (Paris, Picard, 1999), *Le Saint Lévrier*, J.-C. Schmitt (Paris, Flammarion, coll. « Champs », 2004), *La Spiritualité du Moyen Âge occidental VIIIe-XIIIe siècle*, A. Vauchez (Paris, Le Seuil, coll. « Point-Histoire », 1994), ou encore *Les Moines d'Occident : l'éternité de l'Europe*, G. Lobrichon (Paris, Gallimard, coll. « Découvertes », 2007).

Enfin, il existe nombre d'ouvrages sur les thématiques plus précises : sur la manière de considérer l'homme et ses croyances, *Le corps, les rites, les rêves, le temps. Essais d'anthropologie médiévale*, J.-C. Schmitt (Paris, Gallimard, 2001) ; sur les sorcières, *Fées, sorcières et loups-garous au Moyen Âge*, C. Lecouteux (Paris, Imago, 1992) et *Les Superstitions au Moyen Âge*, J. Verdon (Paris, Perrin, 2008) ; sur les universités, *Les Universités au Moyen Âge*, J. Verger (Paris, PUF, coll. « Quadrige », 1999) ; sur la culture savante, *La Philosophie médiévale*, A. de Libera (Paris, PUF, coll. « Quadrige », 2004) ; sur la courtoisie, *Le Chevalier, la femme et le prêtre*, G. Duby (Paris, Hachette, 1981) et, du même auteur : *Dames du XIIe siècle* (Paris, Gallimard, 3 volumes, 1995-1996) ; sur les cathédrales, *Quand les cathédrales étaient peintes*, A. Erlande-Brandenburg (Paris, Gallimard, coll. « Découvertes », 1993) et *Les Cathédrales*, P. Demouy (Paris, PUF, coll. « Que sais-je ? », 2007) ; sur les inventions médiévales, *Le Moyen Âge sur le bout du nez. Lunettes, boutons et autres inventions médiévales*, C. Frugoni (Paris, Belles Lettres, 2011).

Enfin, si l'on désire s'enquérir sur le Moyen Âge *via* internet, trois sites peuvent être recommandés pour un accès facile :

– le site Ménestrel, hébergé par le Laboratoire de médiévistique occidentale de Paris, regroupe des sources et des travaux de référence sur le Moyen Âge : http://www.menestrel.fr

– la Bibliothèque nationale de France (Bnf) donne accès, par le biais de l'onglet « images » du site de la bibliothèque en ligne Gallica, à des enluminures médiévales : www.bnf.fr

– de même, le ministère de la Culture est à l'origine d'une base de données regroupant les enluminures des manuscrits des bibliothèques municipales françaises. On peut y accéder en choisissant une thématique ou en visitant la bibliothèque virtuelle : www.enluminures.culture.fr.

Éditeur : Marie-Laurence Dubray
Remerciements de l'Éditeur à : Anne-Laure Marsaleix

Crédit photo de couverture : © wikimedia commons

Imprimé en France par CPI Firmin Didot en décembre 2022. 173242
ISBN 979-10-318-0358-6 / Dépôt légal : mai 2019
ISSN 1625 9157